本书受山东师范大学经济学院学科振兴计划资助

城镇化进程中
全要素生产率增长的驱动机制研究

赵莎莎◎著

中国财经出版传媒集团
中国财政经济出版社

图书在版编目（CIP）数据

城镇化进程中全要素生产率增长的驱动机制研究/赵莎莎著. -- 北京：中国财政经济出版社，2023.10

ISBN 978-7-5223-2529-3

Ⅰ. ①城… Ⅱ. ①赵… Ⅲ. ①城市化进程－全要素生产率－劳动生产率增长速度－研究－中国 Ⅳ. ①F249.22

中国国家版本馆CIP数据核字（2023）第193625号

责任编辑：张晓丽　　责任印制：刘春年

封面设计：孙俪铭　　责任校对：张　凡

城镇化进程中全要素生产率增长的驱动机制研究

CHENGZHENHUA JINCHENGZHONG QUANYAOSU SHENGCHANLÜ ZENGZHANG DE QUDONG JIZHI YANJIU

中国财政经济出版社 出版

URL：http：//www. cfeph. cn

E-mail：cfeph@ cfeph. cn

社址：北京市海淀区阜成路甲28号　邮政编码：100142

营销中心电话：010-88191522

天猫网店：中国财政经济出版社旗舰店

网址：https：//zgczjjcbs. tmall. com

北京财经印刷厂印刷　各地新华书店经销

成品尺寸：170mm × 240mm　16开　11印张　168 000字

2023年10月第1版　2023年10月北京第1次印刷

定价：68.00元

ISBN 978-7-5223-2529-3

（图书出现印装问题，本社负责调换，电话：010-88190548）

本社图书质量投诉电话：010-88190744

打击盗版举报热线：010-88191661　QQ：2242791300

前言

PREFACE

从“十五”计划开始，中国政府积极推进经济增长方式的转变，实施城镇化战略。“以人为核心”的新型城镇化逐步成为推动中国未来经济增长的新引擎。在经济新常态发展背景下，新型城镇化如何有效转向高质量发展成为迫切研究的重大课题。本书借助全要素生产率作为确定经济增长质量的重要方法，探究城镇化进程中有效实现全要素生产率增长的驱动机制。

第一，回顾中国城镇化发展中不同阶段下的两种特殊路径：土地城镇化和新型城镇化；并综合分析城镇化进程中“软件”和“硬件”视角下均存在两方面显著变化：一方面，人口数量的空间转移和城镇规模的空间拓展；另一方面，人口质量的内在提升和基础设施的效率提高。这些显著变化对全要素生产率既产生一定程度的消极影响，同时又产生一定程度的积极影响。可见城镇化进程中，需要深入探究城镇化水平影响全要素生产率的方向、程度和路径。通过构建城镇化水平影响全要素生产率及其分解项的固定效应模型和门槛模型，从线性和非线性两种方法来实证分析。研究发现：随着城镇化水平的提高对全要素生产率产生的积极影响均显著弱于消极影响。因此，为了有效驱动全要素生产率增长，城镇化水平需要结合全要素生产率的驱动机制，来产生正向促进作用驱动全要素生产率增长。

第二，鉴于城镇化进程中“软件”和“硬件”两个视角的变化，分别选取人力资本高级化和基础设施结构优化作为两个驱动机制，从总量层面构建城镇化水平与驱动机制共同影响全要素生产率及其分解项的面板回归模型，从固定效应和交互效应两种方法来实证分析城镇化结合驱动机制共同对全要素生产率影响的方向、程度和路径。研究发现：城镇化水平结合驱动机制的提高，产生显著的正向交互效应，有效地促进了全要素生产率、技术效率和技术进步的提升；然而，城镇化进程中，人力资本高级化和基础设施结构优化驱动全要素生产率增长的具体路径和作用程度均不同。城镇化水平结合人力资本高级化更多通过促进技术进步提升的路径，来有效驱动全要素生产率增长；相反，城镇化水平结合基础设施结构优化却更多通过促进技术效率提升的路径，来有效驱动全要素生产率增长。

第三，由人力资本的结构层面上，细化到不同层次的人力资本，分别采用交互效应、空间相关性和空间异质性三个角度，来探究异质型人力资本在城镇化进程中影响全要素生产率的方向、程度和路径。研究发现：城镇化结合高级人力资本和创新型人力资本更多通过促进技术进步提升的路径，可以有效驱动全要素生产率增长。考虑空间因素后，高级人力资本对本地区技术进步产生了促进效应，进而有利于驱动本地区全要素生产率增长，而由于空间竞争效应较强，其对周边地区内技术进步产生了显著的消极影响；创新型人力资本对本地区全要素生产率和技术进步的促进程度减弱，同时由于空间溢出效应较强，其对周边地区内技术进步产生了显著的促进效应。考虑空间异质性后，异质型人力资本对全要素生产率所产生影响存在显著门槛效应；不同门槛值区间内的地区分布趋势变化得出，中国整体的人力资本水平得到不断的提高，创新型人力资本呈现出显著的集聚效应，驱动全要素生产率的程度进一步加强。

第四，由基础设施的结构层面上，细化到不同类型的基础设施，分别采用交互效应、空间相关性和空间异质性三个角度，来探究异质型基础设施在城镇化进程中影响全要素生产率的方向、程度和路径。研究发现：城镇化结合交通基础设施和信息基础设施驱动全要素生产率增长的具体路径相同。两个交互项既能促进技术效率提升，又能促进技术进步发展；城镇化水平结合教育基础设施和科技基础设施的交互项，对全要素生产率产生的交互效应并不显著。考虑空间因素后，由于空间溢出效应较强，交通基础设施对周边地区全要素生产率和技术进步产生了显著的促进效应；相反，虽然信息基础设施水平的提高，有利于促进技术进步来有效地驱动本地区全要素生产率增长，但是由于其空间虹吸效应较强，对周边地区全要素生产率和技术进步却产生了显著的消极影响。考虑空间异质性后，交通基础设施水平较低时，对全要素生产率产生的影响不确定；而随着交通基础设施跨过第一门槛值后，对全要素生产率产生显著的正向促进效应。若不考虑门槛效应将高估交通基础设施对全要素生产率促进程度。

第五，本书在明确城镇化水平结合驱动机制影响全要素生产率的作用机制基础上，综合驱动机制的总量和结构层面、空间相关性以及空间异质性角度来对城镇化进程中有效驱动全要素生产率增长提出针对性的政策建议。

目　录
CONTENTS

第1章

导　论 / 1

1.1　选题背景与研究意义 / 3
1.2　主要内容与研究框架 / 6
1.3　研究方法 / 10
1.4　主要创新点 / 10

第2章

文献综述 / 13

2.1　城镇化发展的研究综述 / 15
2.2　全要素生产率的研究综述 / 18
2.3　全要素生产率影响因素的研究综述 / 21
2.4　文献述评 / 26

第3章

理论分析框架 / 29

3.1　城镇化进程影响全要素生产率的可行性分析 / 31

3.2 双驱动机制影响全要素生产率的数理分析 / 34
3.3 双驱动机制影响全要素生产率的空间效应分析 / 38
3.4 本章小结 / 40

第4章 城镇化进程对全要素生产率（TFP）的影响分析 / 43

4.1 引言 / 45
4.2 全要素生产率的测算与空间异质性的动态分析 / 46
4.3 城镇化对全要素生产率的线性影响 / 51
4.4 城镇化对全要素生产率的非线性影响 / 55
4.5 本章小结 / 59

第5章 城镇化进程中TFP增长驱动机制分析：总量层面 / 61

5.1 引言 / 63
5.2 驱动机制总量层面的测算与区域异质性动态分析 / 65
5.3 驱动机制总量影响TFP的固定效应分析 / 68
5.4 城镇化结合驱动机制总量影响TFP的交互效应分析 / 73
5.5 本章小结 / 77

第6章 城镇化进程中TFP增长驱动机制：异质型人力资本 / 81

6.1 引言 / 83
6.2 异质型人力资本的测算与空间异质性的动态分析 / 84
6.3 城镇化结合异质型人力资本对TFP产生的交互效应分析 / 88

6.4 异质型人力资本对TFP产生的空间溢出效应分析 / 94
6.5 异质型人力资本影响TFP的空间异质性分析 / 105
6.6 本章小结 / 112

第7章

城镇化进程中TFP增长驱动机制：异质型基础设施 / 115

7.1 引言 / 117
7.2 异质型基础设施的测算与空间异质性的动态分析 / 119
7.3 城镇化结合异质型基础设施对TFP产生的交互效应分析 / 123
7.4 异质型基础设施对TFP产生的空间溢出效应分析 / 129
7.5 交通基础设施影响TFP的空间异质性分析 / 139
7.6 本章小结 / 143

第8章

研究结论及政策建议 / 147

8.1 研究结论 / 149
8.2 政策建议 / 152

参考文献 / 155

后　　记 / 166

01 第1章

导 论

1.1 选题背景与研究意义

1.1.1 选题背景

2000年以来，中国经济增长从持续高速增长，到经历2008年全球金融危机后，逐渐进入经济新常态发展阶段。在经济新常态发展背景下，随着“刘易斯拐点”的到来，劳动力相对短缺、劳动力工资水平持续提高、人口抚养比逐渐上升；中国经济发展中的“人口红利”逐渐消失，资本报酬递减现象开始出现，未来经济发展仅仅依靠大规模的政府主导型投资来保持经济增长速度的方式，已经不可持续（蔡昉，2013）。中国未来经济增长迫切需要转向高质量发展阶段。而全要素生产率（Total Factor Productivity，TFP）作为确定经济增长质量的重要方法，成为政府制定长期可持续增长政策的重要依据。于是如何提升全要素生产率成为经济增长研究的热点话题。

自“十五”计划开始，中国政府积极推进经济增长方式的转变，实施城镇化战略。“以人为核心”的新型城镇化逐步成为推动中国未来经济增长的新引擎。在经济新常态发展背景下，为实现高质量发展的目标，新型城镇化如何有效驱动全要素生产率增长成为迫切研究的重大课题。

首先，回顾中国城镇化发展中不同阶段下的两种特殊路径：土地城镇化和新型城镇化。土地城镇化是在政府制定的城市偏向型政策下，以工业化为主线，以地方政府为主导，以土地为主要内容，掀起了圈地扩容、盖楼建房等外延式的发展模式；而新型城镇化以人为本的模式及时纠正了土地城镇化发展出现的一系列问题，是一条注重城镇化质量提升等内涵式的可持续发展模式。那么，在城镇化发展进程中，随着城镇化水平的提高将会对全要素生产率产生怎样的影响？

城镇化进程中主要从“软件”和“硬件”视角下均存在两方面显著变化。一方面，人口数量的空间转移和城镇规模的空间拓展。城镇化水平从2000年的36.2%，快速上升到2016年的57.4%[①]；城镇规模快速扩张，不少地

① 数据来源于历年《中国统计年鉴》。

区出现“冒进”的现象，导致形成一系列圈地扩容、盖楼建房等外延式的发展，远超“人口城镇化”的发展，城市人民的生活质量、环境质量、建筑质量都存在不少问题。另一方面，人口质量的内在提升和基础设施的效率提高。从2000年到2016年，从业人数中受教育的最高学历统计中，初等教育人口比例持续下降，从35.7%持续降到了23.8%；中等教育人口比例从45.1%逐渐上升到51.9%；高等教育人口比例从3.6%逐渐上升到12%①；可见，随着城镇化的快速推进，人力资本结构呈现出以初级人力资本向高级人力资本演进的特征。从基础设施效率提升的角度来看：2000年以来，公路、高速公路、高速铁路、轻轨、通信、信息等基础设施的建设上取得了巨大的成就；城镇化进程中，这些基础设施存量的增长速度显著快于GDP的增长速度，并且基础设施在总资本存量中的占比逐年上升（胡李鹏、樊纲等，2016）；随着人口从农村地区向城市地区逐渐集聚的过程，这引致了城市内相应基础设施如教育、医疗和公用事业等需求的不断增加，刺激城市内一系列基础设施的投资，城市基础设施规模的不断增加促进了城市经济的快速发展（武力超、孙浦阳，2010）。可见，城镇化进程中这两方面显著变化会对全要素生产率产生不同的影响。因此需要深入探究城镇化水平对全要素生产率产生的实际影响。

其次，新型城镇化进程中如何才能有效驱动全要素生产率增长？存在哪些驱动机制？从城镇化进程中“软件”视角的显著变化来探究：随着城镇化的快速推进，人力资本结构呈现出以初级人力资本向高级人力资本演进的特征。那么，在城镇化进程中，通过促进人力资本结构高级化的这种演变能否有效地驱动全要素生产率增长？从城镇化进程中“硬件”视角的显著变化来探究：随着城镇化的快速推进，基础设施投资结构不断得到优化，投资效率不断上升。那么，如此快速增长的基础设施是否能驱动全要素生产率增长？为了回答这两个问题，需要探究人力资本高级化和基础设施结构优化能否作为全要素生产率增长的驱动机制，以及城镇化结合两者共同对全要素生产率的影响。

再次，基于人力资本和基础设施的结构层面上的显著变化进行探讨。一方面，中国中等教育人力资本仍然占到全部人力资本的一半，而高等教育人力资本比例仍然比较低；城镇化水平分别结合异质型人力资本将对全要素生

① 原始数据来源于历年《中国统计年鉴》，经作者计算整理得出。

产率产生怎样的影响？另一方面，城镇化进程中，不同类型基础设施的内在差异化经济属性，以及地区政府的差异化投资力度等因素，均导致对全要素生产率的差异化影响；城镇化水平分别结合异质型基础设施将对全要素生产率产生怎样的影响？为了回答这两个问题，需要从人力资本和基础设施的结构层面上来探究对全要素生产率产生的影响。

最后，进一步考虑中国幅员辽阔，地区经济发展显著不平衡，不同省份之间既相互协作又相互竞争，且不同区域之间拥有迥异的要素禀赋，故而地区异质型驱动机制对全要素生产率的影响效应也可能表现出空间相关性以及空间异质性特征。有鉴于此，还需要从空间相关性和空间异质性这两个角度来探究地区异质型驱动机制对全要素生产率影响的空间特征。

1.1.2 研究意义

1. 理论意义

在经济新常态发展背景下，中国经济增长迫切需要转向高质量发展阶段。因此，城镇化进程中有效实现全要素生产率驱动，是当前经济新常态下顺应时代发展的必然要求，又是中国经济发展过程中重点关注的课题。本书综合分析城镇化进程中“软件”和“硬件”两个视角存在的显著变化，结合人力资本和空间地理学学科成果，将人力资本高级化和基础设施结构优化作为双驱动机制纳入统一的理论分析框架内进行数理分析和实证检验，并从总量分析和结构分析双层面上来探讨城镇化与双驱动机制的交互效应、空间相关性和空间异质性。基于已有研究成果的基础上，对城镇化进程中全要素生产率增长的驱动机制研究进行了一定程度的拓展和完善。

2. 现实意义

新型城镇化作为未来经济发展的新引擎，也是经济转向高质量发展的载体。通过细化研究异质型人力资本和异质型基础设施对全要素生产率产生的差异化影响，将直接有助于提供地方政府制定城镇化高质量发展模式的政策建议。同时，考虑到空间因素影响，本书结合城镇化进程中人力资本高级化和基础设施结构优化的空间相关性和空间异质性动态变化特征分析，从总量和结构双层面切入，探究两者影响全要素生产率增长的空间相关性和空间异质性，这将有助于提供制定区域经济之间协调发展，共同实现全要素生产率驱动的政策建议。

1.2 主要内容与研究框架

1.2.1 主要内容

本书在系统梳理已有相关文献基础上，综合分析城镇化进程中“软件”和“硬件”两个视角均存在的显著变化，将人力资本高级化和基础设施结构优化作为双驱动机制纳入到统一的理论分析框架内进行数理分析。进一步结合人力资本和空间地理学学科成果，并从总量分析和结构分析双层面上，通过构建交互效应模型、空间面板回归模型、门槛面板回归模型，实证分析城镇化与双驱动机制影响全要素生产率的交互效应、空间相关性和空间异质性。第4章、第5章主要从总量层面探讨城镇化进程中城镇化水平结合驱动机制对全要素生产率的影响；第6章、第7章则为结构层面，分别从异质型人力资本和异质型基础设施层面，探究异质型驱动机制对全要素生产率的影响。各章具体内容及主要观点如下：

第1章为导论部分。首先，介绍本书的选题背景与研究意义、主要内容与研究框架；其次，详细阐述理论推导和实证检验中所采用的研究方法；最后，总结出本书存在的主要创新点。

第2章为相关文献综述。首先，将有关城镇化和全要素生产率的研究成果进行系统梳理和总结，并着重梳理国内外有关研究城镇化发展和全要素生产率测定方法的高质量文献；这些文献均为城镇化阶段性发展的对比分析和全要素生产率的测算方法奠定了基础。其次，从人力资本和异质型人力资本两个层面梳理有关影响全要素生产率研究成果的具体进展发现：国内外学者在人力资本对经济增长方面达成了一定共识，如人力资本积累促进经济增长的重要性；不同层次的人力资本影响经济增长的异质性等；通过梳理相关文献发现，有关人力资本和全要素生产率的研究成果相对较少，尤其是异质型人力资本对全要素生产率在空间效应层面上影响的文献未能取得一致结论。最后，从基础设施和异质型基础设施两个层面综述有关影响全要素生产率的研究成果的具体进展发现：国内外学者对基础设施研究方面达成了一定共识，如基础设施的具体分类；基础设施对经济增长影响的重要性；不同类型基础设施对经济增长影响的异质性等；通过梳理相关文献发现，有关基础设施和全要素生产率关系的研究，以及异质型基础设施对全要素生产率影响的研究均未能取得一致结论。综上所述，通过对以上文献进行评述，提出本书研究的主要切入点。

第3章为全书的理论分析框架。首先，通过综合分析城镇化进程中“软件”和“硬件”两个视角下对全要素生产率产生的不同影响；其次，利用CES生产函数形式，将双驱动机制纳入生产函数中，从驱动机制总量层面分析双驱动机制对全要素生产率增长的边际影响；并理论分析人力资本结构高级化和基础设施结构优化驱动全要素生产率增长的传导机制；最后，鉴于人力资本的流动性和基础设施的经济外部性和网络属性，将结合地理学定律，在驱动机制的结构层面上，将空间因素加入驱动机制影响全要素生产率分析框架中，分析高等人力资本和高效率基础设施类型分别对周边地区全要素生产率产生的空间效应。

第4章构建城镇化水平影响全要素生产率及其分解项的固定效应模型和门槛模型，从线性和非线性两种方法来实证分析城镇化对全要素生产率影响的方向、路径和效应程度变动情况。首先，利用DEA-Malmquist指数法测算出各省份2000—2016年全要素生产率、技术效率指数和技术进步指数，分析三个量在城镇化进程中的动态变化及空间异质性；其次，构建固定效应模型来实证分析城镇化水平影响全要素生产率的固定效应；最后，构建门槛模型来实证分析城镇化水平影响全要素生产率的门槛效应。

第5章鉴于城镇化进程中“软件”和“硬件”两个视角的显著变化，选取人力资本高级化和基础设施结构优化作为两个驱动机制，从总量层面构建面板回归模型，从固定效应和交互效应两种方法来实证分析城镇化结合驱动机制共同对全要素生产率影响的方向、路径和效应程度变动情况。首先，借鉴产业结构升级测算方法来测算出各省份2000—2016年人力资本高级化层次系数值，同时选取四个维度：交通基础设施、信息基础设施、科技基础设施和教育基础设施，具体采用Goldsmith的“永续盘存法”进行估算出基础设施存量占总物质资本存量的比值来衡量基础设施结构优化程度；并具体分析这两个量在城镇化进程中的动态变化及区域异质性。其次，构建固定效应模型来实证分析城镇化水平与驱动机制分别对全要素生产率、技术效率和技术进步产生的固定效应。最后，构建交互效应模型来实证分析城镇化水平分别结合驱动机制对全要素生产率、技术效率和技术进步产生的交互效应。

第6章基于驱动全要素生产率必备的“软件”视角，从人力资本的异质型结构层面上，分别从交互效应、空间相关性和空间异质性三个角度，探究异质型人力资本在城镇化进程中影响全要素生产率的方向、程度和路径。首先，借鉴Caselli和Coleman（2006）分类方法，按照受教育程度，将异质型人力资本化为三个层次：初级人力资本（*hp*）、中级人力资本（*hs*）和高级人力资本（*hc*）；同时鉴于新型城镇化的创新驱动战略，采用R&D投入的视角来衡量创新型人力资本，具体采用Goldsmith的“永续盘存法”，估算出R&D资本存量；并具体分析四个层次人力资本在城镇化进程中的动态变化及空间异质性。其次，构建交互效应模型，分别实证分析城镇化水平结合异质型人力资本对全要素生产率产生的交互效应。再次，进一步考虑空间因素，构建空间面板杜宾模型，分别实证分析城镇化水平结合异质型人力资本对全要素生产率和技术进步产生的空间溢出效应。最后，考虑到核心变量存在显著的空间异质性，构建门槛面板回归模型，实证分析城镇化水平结合异质型人力资本对全要素生产率和技术进步产生的门槛效应。

第7章基于驱动全要素生产率必备的“硬件”视角，从基础设施的异质型结构层面上，分别从交互效应、空间相关性和空间异质性三个角度，探究异质型基础设施在城镇化进程中影响全要素生产率的方向、程度和路径。首先，根据实际研究情况和数据的可得性，进行择优选取四维度基础设施的代理变量，并具体分析四个维度基础设施在城镇化进程中的动态变化及空间异质性。其次，构建交互效应模型，分别实证分析城镇化水平结合异质型基础设施对全要素生产率、技术效率和技术进步产生的交互效应。再次，考虑空间因素，基于核心变量的空间相关性动态变化特征，构建空间面板杜宾模型，分别实证分析城镇化水平结合异质型基础设施对全要素生产率和技术进步产生的空间溢出效应。最后，构建门槛面板回归模型，实证分析城镇化水平结合交通基础设施对全要素生产率产生的门槛效应。

第8章研究结论与政策建议。本章将总结前面各章节的研究成果，并针对城镇化进程中有效驱动全要素生产率增长的研究结论，在驱动机制的总量和结构层面、空间相关性以及空间异质性角度提出针对性的政策建议，以期研究成果能为新型城镇化发展服务。

1.2.2 研究框架

本书研究框架如图1.1所示。

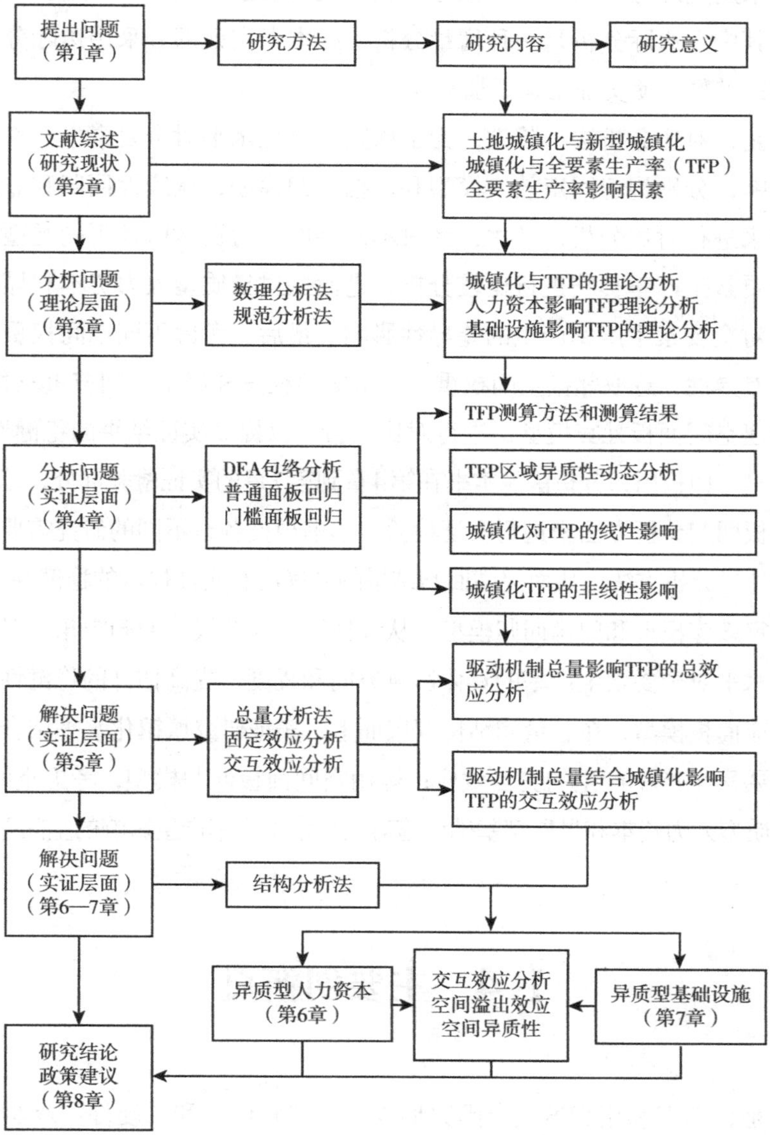

图1.1 城镇化进程中全要素生产率驱动机制的研究框架

1.3 研究方法

一是，数理分析法。利用CES生产函数形式，将双驱动机制纳入生产函数中，采用边际分析法来数理推导双驱动机制对全要素生产率增长率的边际影响。其中，边际分析是一种增量分析，在本书实证部分采用边际分析法来进行实证解释，使实证结果更加直观。

二是，对比分析法。首先，为了探究城镇化水平对全要素生产率产生的实际影响，分别构建固定效应模型和门槛回归模型，从线性回归和非线性回归视角来进行对比分析，其次，针对不同层次人力资本以及不同类型基础设施对全要素生产率影响进行比较分析，进而探讨异质型人力资本和异质型基础设施对全要素生产率产生的差异性影响；最后，考虑不同空间权重下实证结果的差异性，选取邻接空间权重、经济距离权重和经济空间权重三种权重，分别构建空间面板杜宾模型，进行对比分析，以提高实证结果的稳健性。

三是，面板回归分析法。本书在第4章到第7章的实证检验部分，综合使用多种面板回归分析方法来进行实证检验。本书根据各章不同的研究需要、选择不同的计量分析方法，从而提高回归结果的精确度和实证检验的稳健性。例如：运用固定效应模型和门槛回归模型，从线性回归和非线性回归视角，对比分析城镇化水平对全要素生产率的具体影响方向和程度，提高估计的稳健性；运用交互效应面板模型，在总量和结构双层面上，实证研究城镇化水平结合驱动机制对全要素生产率产生的交互效应；运用空间面板回归模型，考虑空间因素，探讨异质型人力资本和异质型基础设施对全要素生产率产生影响的空间差异性。

1.4 主要创新点

一是，本书利用CES生产函数形式，将“软件”和“硬件”双驱动机制纳入生产函数中，从驱动机制总量层面分析双驱动机制对全要素生产率增长的边际影响。一方面从城镇化进程中人力资本结构呈现出以初级人力资本向高级人力资本演进的特征切入，选取人力资本高级化程度作为“软件”视角的研究对象，进行分析人力资本高级化程度对全要素生产率的具体影响；另一方面，从城镇化进程中基础设施效率提升的特征切入，选取基础设施结构优化程度作为“硬件”视角的研究对象，进行分析基础设施结构优化程度对全要素生产率产生的具体影响。通过综合这两个驱动机制的理论分析拓展了已有文献中有关城镇化进程影响全要素生产率的研究。

二是，由于城镇化进程中人力资本的流动性、基础设施建设的经济外部性和网络属性，地区间日益密切的经济活动所产生的空间依赖性和空间异质性将会影响最终估计结果的精确度。为此，本书综合人口学、地理学和经济学的已有学科成果，构建交互效应模型、空间面板回归模型、门槛面板回归模型，拓展检验了城镇化结合人力资本高级化和基础设施结构优化对全要素生产率产生的交互效应、空间相关性和空间异质性。通过应用多学科成果的综合研究完善了已有文献中有关城镇化进程对全要素生产率的影响。

三是，有关异质型人力资本的文献成果中，人力资本方面的研究一般从三个层次进行细分。进一步考虑到中国重视创新驱动战略的背景下，本书从原有初级人力资本、中级人力资本和高级人力资本这三种层次上，补充了创新型人力资本，并从总量—结构层面来探究人力资本对全要素生产率产生的具体影响；有关创新型人力资本的测算和选取原因详见第6章内容。同时，有关基础设施影响全要素生产率的文献成果中，基础设施方面的研究一般是从总量或者特定一种类型来分析。进一步考虑到不同类型基础设施的内在差异化经济属性，以及地区政府的差异化投资力度等原因，本书选取四个维度基础设施，并从总量—结构层面来探究基础设施对全要素生产率产生的具体影响。通过对人力资本和基础设施从总量—结构层面的细化研究，进一步完善了已有文献中的研究层次。

02 第2章

文献综述

2.1 城镇化发展的研究综述

2.1.1 城镇化概念

城镇化概念在不同学科的解释存在一定差异性。城镇化一般定义为随着工业化发展所引致的人口从农村地区向城镇地区快速迁移的过程，以及同时伴随人口迁移之后的生产模式和生活方式等方面所发生转变的过程（岳文海，2013）。本书主要参考以下三个视角解释：

从人口学的视角来解释：城镇化的过程即为人口迁移的过程。其表现在人口从农村不断到城镇集聚的过程，以及伴随的农村人口逐渐转变为城镇人口的过程。人口向城镇集聚过程中主要引致两种结果：一是城镇数量的增加，由人口集聚场所变多；二是城镇人口数量的增加。

从地理学的视角来解释：城镇化是城镇形成和发展的过程和结果。其表现在随着城镇形成和发展程度的增强，产生了显著的城镇集聚效应，加速了农村人口不断向城镇集中的进程，扩大了城镇地区的经济活动空间，增强了城镇之间、城镇和农村之间经济活动的密切程度。

从经济学的视角来解释：英国经济学家刘易斯建立了二元经济模型，指出城市化过程实质是剩余劳动力从传统农业部门不断向现代化城市转移的过程。其体现在通过城镇化进程来实现城乡间经济资源和生产要素的优化配置，提高生产效率，最终实现城乡统筹发展的结果。

可见城镇化的内涵体现在多个学科领域中，因此本书将空间因素加入研究框架中，综合人口学、地理学和经济学三个视角来对城镇化进程进行分析研究。

2.1.2 2000年以来中国城镇化发展的特殊路径分析

城镇化道路作为一个国家经济发展的普遍选择，大多数国家都在不同程度地经历着城镇化发展的历程。国外学者在城市化问题上的理论研究成果较早。比较有影响力的理论主要有：区位理论、城乡结构转换理论、人口迁移理论、城市发展理论和生态学派理论等（岳文海，2013）。与世界上其他国家的城镇化相比，中国城镇化是在政府主导和政府“经营”下具有特殊性的路径模式。2000年以来主要经历了两种特殊路径：“土地城镇化”和“新型城镇化”。

1994年分税制改革结束了中央和地方的财政包干制，中国城镇化逐渐进入“土地城镇化”阶段：政府通过对城市建设用地的垄断供应，采取土地出让的模式进而保障充足的建设资金，用于公共投资和一系列基础设施配套建设。“土地城镇化”的推进提高了土地价值转换为投资资本的速度，推动了地方政府对城市基础设施的投资热潮。这种模式下也存在明显的负面影响，由城镇迅速扩张导致了一系列经济和社会等方面的难题。全国城镇化率从1978年最早的17.9%，达到2000年的36.22%，随后快速上升到2007年的45.89%①。由于早期城镇化重点在圈地扩容、盖楼建房，外延式的发展直接演变为土地城镇化，远远超过了人口城镇化的发展，这使各地相应出现大量的空城。

在这种发展模式下，中国城乡分割的二元经济结构矛盾日益突出，农村经济发展严重滞后于城镇，城乡间基础设施和公共服务差距越来越大。在此背景下党的十八大明确提出“新型城镇化”的概念，强调其是“以人为核心”的城镇化，是解决农业农村农民问题的重要途径，注重保护农民利益，与农业现代化相辅相成。因此，城镇化过程由早期“土地城镇化”，调整为“以人为核心”、解决三农问题的“新型城镇化”。

“新型城镇化”的提出最早见于2007年3月习近平的《走高效生态的新型农业现代化道路》一文。习近平指出：“发展高效生态农业，必须按照新型工业化、新型城镇化和新型农业现代化整体推进的思路。”随后，在2012年12月中央经济工作会议公报中正式提出“新型城镇化”的概念，公报指出：“积极稳妥推进城镇化，着力提高城镇化质量。城镇化是中国现代化建设的历史任务，要围绕提高城镇化质量，因势利导、趋利避害，积极引导城镇化健康发展。要构建科学合理的城市格局，大中小城市和小城镇、城市群要

① 原始数据来源于历年《中国统计年鉴》，经作者计算整理得出。

科学布局，与区域经济发展和产业布局紧密衔接，与资源环境承载能力相适应。要把有序推进农业转移人口市民化作为重要任务抓实抓好。要把生态文明理念和原则全面融入城镇化全过程，走集约、智能、绿色、低碳的新型城镇化道路。”可见，新型城镇化是以人为核心的城镇化，其未来的发展道路，不再是不可持续的外延式、粗放型、低收益率的发展模式，而是一条可持续性的以人为本、内涵式、追求高质量的发展模式。

综上所述，具有中国特色城镇化发展路径的阶段性调整同时体现出城镇化理论在中国的经济发展实践中的应用和完善。

2.1.3 土地城镇化与新型城镇化的区别与联系

1. 土地城镇化与新型城镇化的联系

土地城镇化和新型城镇化是中国城镇化发展中不同阶段下的两种主要模式。两者的最终目标都是通过城镇化发展来促进中国经济快速发展。两种发展模式下从以下三个方面带来一致的结果：第一，城镇化水平均得到大幅度的提高；农村剩余劳动力从农村地区逐步向城镇地区集聚，从第一产业的工作转移到第二产业和第三产业；这将有利于实现农村剩余劳动力从农户身份逐步转换为城镇居民身份，更容易实现农村剩余劳动力接受城镇的优质教育和培训服务，最终有利于地区人口素质整体水平的普遍提高。第二，中国城乡基础设施和公共服务配套设施在整体上得到不断完善，比如金融业和保险业、信息和计算机等新兴服务业的诞生和发展，能够吸引更多的资本投入和技术创新，从而有利于实现城镇发展的规模经济效应和对农村地区产生的“辐射效应”，农村经济也得到快速发展。第三，中国整体产业结构得到优化升级：伴随着第一产业剩余劳动力逐渐向城镇地区转移的过程，有效促进了城镇地区第二产业和第三产业的快速发展，提高了两个产业所占比重，而第一产业比重一直呈下降态势。

2. 土地城镇化与新型城镇化的区别

土地城镇化在政府制定的城市偏向型政策下，以工业化为主线，以地方政府为主导，以土地为主要内容，掀起了圈地扩容、盖楼建房等外延式的发展模式。在这种模式下产生的消极影响是：政府通过大量土地出让换取经济发展的资金来源，城镇空间上的拓展热潮导致了大量经济资源的低效率配置；同时城镇化发展速度远远超过了人口城镇化的发展，各地区相应出现大量的空城现象，导致了要素结构失衡、空间失衡、产业结构失衡和大城市病暴发等问题，是一种不可持续性的粗放型外延式发展模式。

新型城镇化以人为本、内涵式的发展模式，及时纠正了土地城镇化推进中出现的一系列问题。这种模式下更注重城镇化的高质量、可持续性发展，主要体现在：第一，注重农村转移人口市民化，即城镇化进程中有序将农村剩余劳动力转移到城镇后逐步转换为城镇居民，共享城镇的教育、医疗以及一系列的社会福利项目；第二，注重社会综合承载力，即城镇化进程中将综合考虑农村转移人口就业量和城镇整体产业结构优化的协调发展；第三，注重智能化、信息化和创新力驱动城镇高质量发展，即城镇化进程中传统的空间拓展发展模式不可持续，地方政府应注重倾向集约高效的发展方式、增强城镇的创新力，综合智能化和信息化融入城镇化发展中；第四，注重资源环境承载能力，即城镇化发展中不断提高生态文明、低碳环保理念在社会生活中的宣传和引导力度，以及资源环境低污染原则在现代工业发展中的实施和监管程度。

综上所述，基于对中国城镇化发展特殊路径的阐述，第3章将重点分析城镇化进程对全要素生产率产生的具体影响。

2.2 全要素生产率的研究综述

2.2.1 全要素生产率概念

经济学采用生产率一词衡量经济生产活动中产出与投入的数量关系，并依据投入要素的数量划分为单要素生产率和全要素生产率两种。单要素生产率指经济生产活动中特定的一种投入要素所带来的产出率，即为总产出与特定要素投入量的比率，也可以称为这种投入要素的产出效率，比如劳动生产率。但是单要素生产率只考虑一种投入要素的变化，忽略了其他投入要素的生产率，降低了单要素生产率测算结果的精确度。

相反，全要素生产率（Total Factor Productivity）是指经济生产活动中所有投入要素量所带来的总产出率，即为总产出与所有要素投入量的比率。相对于单要素生产率而言，全要素生产率能够衡量经济生产活动中所有投入要素带来的总产出率，可以更全面、更准确地衡量整个经济活动主体的投入—产出情况，为经济增长质量的研究提供了一种衡量标准。而当经济生产中的投入要素不变时，或者减少时，源自经济社会内在技术进步和技术效率的改善，仍然能够有效地促进经济的增长。因此，在已有文献研究中，通常将全要素生产率定义为剔除全部投入要素（如劳动、资本等）之外的来自技术进步和技术效率改善等因素对经济增长所贡献的增长率，可以用来衡量经济增长质量（易纲、樊纲等，2003）。

2.2.2 全要素生产率测算方法

伴随经济增长理论的发展，有关研究单要素生产率理论逐渐倾向对全要素生产率的研究，全要素生产率的测量方法得到快速的发展，测算结果的精确度得到不断提高，研究的成果越来越丰硕。有关全要素生产率理论研究，主要有三类研究内容：基于新古典生产函数的研究、基于超越对数生产函数的研究和基于前沿生产函数的研究，主要的代表人物分别为索洛、乔根森和法雷尔等（李征，2016）。目前有关全要素生产率测度方法的研究，主要有索洛余值法和前沿分析法两类。

1. 索洛余值法

1957年索洛提出计算全要素生产率的残差法，被称为索洛余值法。索洛余值法的具体测算过程是：首先，需要设定假设条件，假设市场为完全竞争市场，设定生产规模报酬不发生变化，同时满足希克斯中性技术条件；其次，经验生产函数的估算，通过一定的计量估算方法，利用相关统计数据估算得出经验生产函数；最后，利用残差法计算最终结果，将经济总产出增长率中剔除所有生产要素投入的增长率之后得到最终的余值，这个最终余值即体现出全要素生产率的变动情况。一般情况下，柯布—道格拉斯生产函数和常替代弹性生产函数等经常被用作经验生产函数来计算全要素生产率。

索洛余值法开创了经济增长源泉分析的先河，其优点有：简单易行，对于时间序列数据较为适用。其存在的主要缺陷是：首先，传统索洛余值法在测算前需要严格的假设条件，三个假设条件导致测算结果与现实经济的偏差，降低了测算结果的精确度；其次，采用实证检验过程中确定的全要素生产率中存在估算误差的影响，并且只能反映投入要素生产率的平均水平，很难体现出有效产出的最大值与实际产出值之间的差异。因此，索洛余值法对全要素生产率的具体估算过程中，这些主要缺陷会导致最终估算结果产生较大偏差。

2.前沿分析法

前沿分析法不仅在测算方法上，而且从全要素生产率研究理论上都得到进一步完善和拓展。具体体现在：首先，前沿分析法的前提假设条件不再需要严格的市场出清假设，这有利于缩小经验估计与经济现实的差距，提高了最终估算结果的精确度；其次，前沿分析法可以将最终测算的全要素生产率进行分解，可以估算出技术效率、技术进步以及规模效率这些分解项，更好地从效率、纯技术以及规模方面反映经济增长的实际情况。具体来看：前沿分析法依据估算方法的差异，又分为参数与非参数分析两大类。

参数分析法中常用随机前沿生产函数法（SFA），其针对索洛余值法测算过程中存在的缺陷，通过采用有效前沿生产函数，并且允许无技术效率项存在来提高估计全要素生产率的准确度。然而，参数随机前沿生产函数需要在估算前明确生产函数以及技术无效率项的分布形式，如果所设定的生产函数与经济实际情况存在一定程度的偏差，则导致最终全要素生产率测算结果的较大偏误，同时复杂的误差项密度函数更加大了参数估计的难度。

非参数分析法中最常用的是数据包络分析法（DEA），其优点是无须预设生产函数形式，仅需要具体投入项和产出项的相关信息，即可利用数学线性规划技术方法计算全要素生产率。同时，其也适用于多产出的处理，可以按照各个生产周期构建生产前沿函数。然而缺陷是，数据包络分析法模型不能测算技术进步和技术效率的动态变动情况。于是数据包络分析法（DEA）借助Malmquist指数能够弥补这一缺陷，并且可以将全要素生产率分解为技术进步指数、技术效率指数，体现出不同期之间的变动情况。

综上所述，通过对全要素生产率的概念和主要测算方法的系统梳理，本书测算全要素生产率的方法选取已有研究成果中普遍采用的非参数DEA-Malmquist指数法，其具体测算方法详见第4章内容。

2.3 全要素生产率影响因素的研究综述

2.3.1 城镇化对全要素生产率影响的研究综述

自从建立全要素生产率研究体系以来，研究全要素生产率差异原因的文献非常丰硕。其中有关城镇化与全要素生产率关系的研究成果也很多，并从不同角度来研究城镇化水平对全要素生产率的具体影响。李实（1999）和王小鲁、樊纲（2004）从人口集聚角度研究发现：城镇化过程中，人口数量不断向城镇集聚，流入城镇的农村剩余劳动力可以通过技术技能培训和学习，来提高劳动力的技能水平，进而提升劳动生产率。但是，人口聚集度的上升在提高劳动生产率程度上，存在地区差异（陈心颖，2015）。魏下海和王岳龙（2010）从创新的角度，利用中国29个省份1991—2007年全要素生产率增长情况，研究城市化、创新与全要素生产率之间的协整关系，结果发现城市化通过创新中介效应显著地驱动全要素生产率增长。仇怡（2013）发现城镇化进程中生产要素从农村向城镇地区的集聚过程有助于提高城镇地区的自主创新水平，并通过知识外部性进而产生积极的技术外溢和扩散效应。袁志刚和解栋栋（2011）从劳动力错配的角度研究发现：劳动力错配影响着地区全要素生产率的差异，并存在显著的负效应；随着劳动力错配程度的增加呈现出逐渐扩大的趋势。薛刚等（2015）从公共支出角度研究发现：单独考虑城镇化时，城镇化对全要素生产率增长的影响并不显著，即单纯强调人口转移的城镇化率对提高全要素生产率的影响效应并不显著；单纯扩大政府干预规模并不利于提高全要素生产率；完善的公共服务体系有利于转移人口更好地积累教育资本和健康资本，成为驱动全要素生产率增长的基本动力。郑垂勇和朱晔华（2018）基于长江经济带2006—2015年省际面板数据，测度了长江经济带绿色全要素生产率的实际水平，并构建以城镇化率为门槛变量的门槛模型，结果发现：区域绿色全要素生产率年均增长2.31%，但增长幅度呈下降态势；技术进步增长是绿色全要素生产率增长的主要动力；城镇化率总体上降低了绿色全要素生产率，但呈现显著的双门槛效应。

2.3.2 人力资本对全要素生产率影响的研究综述

有关人力资本对全要素生产率的研究也很多，但并未取得一致观点。20世纪60年代早期的人力资本理论认为，人力资本通过提高劳动力素质，进而提高生产能力，从而成为经济增长的主要来源。Nelson和Phelps（1966）的模型假定技术进步速度取决于两个因素：劳动力受教育程度、潜在技术与实际技术之间的差距。Barro（1991）研究发现人力资本积累可以促进全要素生产率提升。如果实物资本的缺乏会抑制技术的发展，那么缺乏受过高等教育的人才会使一个国家丧失创造和应用新技术的能力。教育通过对新技术的应用与创新成为经济和生产率增长的首要必备条件，因此Benhabib和Spiegel（1994）提出TFP的增长依赖于人力资本的水平。在教育水平较低的国家，人力资本对全要素生产率的增长起到促进作用；对于经济发展较好的国家，人力资本对全要素生产率的作用为负（Krueger，Lindahl，2001）。魏下海和张建武（2010）采用门槛模型方法构造非线性面板数据模型，得出中国人力资本对全要素生产率增长存在明显的门槛特征，当变量跨越相应的高门槛水平时，人力资本的影响系数较大；跨越高门槛水平的省份大多位于东部发达地区。同时魏下海（2010）研究发现在人力资本对省际全要素生产率增长的空间效应中，人力资本对全要素生产率增长具有显著的负向空间溢出效应。

不同层次的人力资本对经济增长的影响存在差异化，相关文献研究成果比较多。刘智勇和胡永远等（2008）研究发现，总量人力资本对经济增长的作用机制存在两种，一种是尼尔森—费尔普斯作用机制，另一种是联合作用机制；不同教育层次的作用机制存在显著差异性。当考虑到空间因素的影响后，四种类型的人力资本存在显著的空间依赖性，其中基础人力资本和知识人力资本对经济增长的作用机制通过尼尔森—费尔普斯作用机制；而技能人力资本和制度人力资本对经济增长的作用始终不显著（高远东、花拥军，2012）。赵立斌（2013）对异质型人力资本在东道国引进 FDI 以及吸收 FDI 技术溢出效应方面的关键作用进行理论研究，研究表明FDI 与异质型人力资本的互动作用是促进一国技术进步与经济增长的关键因素，具体来讲就是异质型人力资本水平是东道国引进FDI以及吸收FDI技术外溢的关键因素，同时东道国在吸收FDI技术外溢的基础上更有利于提高本国异质型人力资本水平与促进技术进步和经济增长。孙一平和周向（2015）以农村居民受教育程度为衡量标准，将异质性人力资本纳入传统生产函数，利用 2001—2013 年全国省级面板数据，实证结果表明农村人力资本是促进中国农业经济增长的关键因素，且在地区间的影响效果存在差异性，三种人力资本对全国农业经济的影响程度由强到弱依次是初等、高等、中等人力资本。

不同层次的人力资本对全要素生产率影响也存在异质性，但相关文献研究成果不多。华萍（2005）计算了1993—2001年中国29个省份的生产率增长数据的曼奎斯特指数，来研究不同教育水平对技术效率的影响，结果表明大学教育对效率改善和技术进步都产生有利影响，通过受过大学教育的劳动者向更有效率的非国有企业再分配来实现。魏下海（2010）利用省级面板数据，实证检验全要素生产率增长中异质型人力资本的影响程度，研究表明：人力资本对全国整体的全要素生产率增长以及技术进步具有积极影响；不同教育水平人力资本的增长效应存在差异，小学教育的影响程度最小且未通过显著性检验，而高等教育的影响程度最强；东部、中部和西部异质型人力资本对全要素生产率增长的影响程度存在显著的区域差异性。

2.3.3 基础设施对全要素生产率影响的研究综述

根据世界银行（1994）把基础设施划分为两大类：第一类为经济基础设施，指长期使用的工程构筑、设备、设施及其为经济生产和家庭所提供的服务，具体包括公共设施（如电力、通信、管道煤气、自来水、排污、固体垃圾收集与处理）、公共工程（如大坝、水利工程、道路）以及其他交通部门（如铁路、城市交通、港口、河道和机场）三种类型；第二类为社会基础设施，主要包含教育和卫生保健。金戈（2012）在现有研究成果上，对基础设施投资范围进行具体界定，并对官方统计数据进行补充和调整，通过永续盘存法分别估算了全国层面1953—2008年以及省际层面1993—2008年各年末的基础设施资本存量。胡李鹏和樊纲等（2016）则修正了已有文献中基础设施的测算偏误，具体修正内容包括，将2003年前后数据统计口径进行调整，并对基期的基础设施存量和折旧率重新估算；发现基础设施投资在1978—2014年对GDP增长产生的贡献率为9.3%；后期GDP的增长速度显著慢于基础设施存量，并且基础设施存量在资本存量中的占比呈现倒“U”形变动趋势。张军和高远等（2007）在控制了经济发展水平、金融深化改革以及其他因素之后，对中国基础设施投资决定的重要因素进行研究，研究表明地方政府间在“招商引资”上的标尺竞争和政府治理的转型是重要因素，提出分权、Tiebout竞争、向发展式政府的转型将会有利于改进政府基础设施的投资激励。在这种投资激励下，快速增长的基础设施投资对经济增长又会产生怎样的影响呢？李强和郑江淮（2012）发现基础设施投资会对人力资本积累产生一定程度的“挤出效应”；人力资本投资对经济增长的推动力显著强于基础设施投资；同时基础设施投资对经济的影响存在显著的地区差异性。孙早和杨光等（2014）发现随着中国经济发展水平的提高和转型过程的深入，基础设施投资对经济增长贡献率已经呈现下降的趋势；并通过构建一个无限期经济增长模型来证明两者之间的关系存在“拐点值”；最后利用时间序列数据实证检验得出中国经济增长与基础设施投资间的长期关系存在着“拐点值”，即存在一种倒“U”形关系，超过“拐点值”后，基础设施投资对经济增长的贡献则呈现出显著递减趋势。

一些学者开始关注不同类型基础设施对经济增长的差异性影响。张学良（2012）研究表明：中国交通基础设施对区域经济增长的产出弹性值合计0.05—0.07，证明其对中国区域经济增长具有重要作用。叶昌友和王遐见（2013）采用空间面板模型检验了交通业发展对区域经济增长的影响，结果发现铁路和公路建设对经济增长的带动作用较为明显，其中高速公路、一级公路、二级公路、三级公路和四级公路对区域经济增长的带动作用存在差异性，呈递减顺序；铁路运输业比公路运输业对经济增长的作用更加明显；2001—2010年交通基础设施存量的增加年均带动经济增长0.78%，约为经济增长率的8%。王晓东和邓丹萱（2014）通过Feder模型研究交通基础设施对经济增长的影响；研究表明交通基础设施总体上对经济增长产生正向溢出效应，但存在地区差异；同时交通基础设施与其他部门之间相对边际生产率的差距导致其直接影响为负；若将时间滞后效应纳入模型后，溢出效应滞后期则比较显著，在滞后4—5期时转为负向，且空间效应存在显著的地区差异。周浩和郑筱婷（2012）选取京广线和京沪线作为铁路提速代表，考察了这两条线路提速对经济增长的影响；研究表明铁路提速促进了沿途站点的经济增长；在整个铁路提速期间，相对于未提速站点，铁路提速将提速站点的人均GDP增长率提高了约3.7%；同时，在铁路提速后期，其对经济增长的促进作用更为显著。郑世林和周黎安等（2014）以电信基础设施为研究对象，实证检验其对经济增长的影响，研究表明：在电信行业发展初期（1990—1999年），移动电话和固定电话基础设施的发展显著促进了经济增长；进入2000年以后，移动电话基础设施对经济增长的正向影响效果却呈现递减趋势。

刘世锦和刘培林等（2015）研究表明过去30多年全要素生产率对中国经济高速增长起到非常重要的促进作用，并强调有效驱动全要素生产率的增长将有利于中国实现高质量的经济增长。为了有效实现全要素生产率驱动，基础设施对全要素生产率产生怎样的影响？相关研究从不同方法和不同角度给出不同的答案。Aschauer（1989）最早从基础设施投资角度解释生产率变动的原因，发现公共交通、高速公路和机场等主要基础设施对全要素生产率存在显著的促进作用。Cohen和Morrison（2004）及Bronzini和Piselli（2009）通过对美国和意大利数据的研究发现：基础设施的完善程度能够降低周边地区的交易费用和运输成本，并有效地促进了周边地区生产率和经济增长的发展。相反Boarnet（1998）认为本地区基础设施的完善提升了本地区的相对竞争优势，从而将周边地区的经济资源和生产要素吸入到本地区，导致周边地区产出和生产率的下降，因此基础设施存在负向的空间溢出效应。国内相关文献从不同的研究层面和研究方法对基础设施与全要素生产率的关系也进行了研究。张先锋和丁亚娟等（2010）利用25个省级面板数据，研究表明公共基础设施投资对地区全要素生产率存在正向影响，公共基础设施投资每增加1%能够带来0.204%的全要素生产率增长。张浩然和衣保中（2012）基于2003—2009年中国城市面板数据，加入空间因素影响，实证检验了基础设施及其空间外溢效应与全要素生产率的关系；研究表明地区通讯基础设施和医疗条件不仅可以提高本地区的全要素生产率，而且存在显著的外溢效应；相反人力资本和交通基础设施虽然促进了本地区全要素生产率，但不存在对周边地区的外溢效应。罗良文和潘雅茹等（2016）基于2004—2013年中国省级面板数据，研究表明中国基础设施投资能够有效促进全要素生产率的提高，但在促进全要素生产率提高的途径方面存在差异性影响；具体表现在基础设施投资在一定程度上对自主研发产生挤出效应，这弱化了自主研发对全要素生产率的积极作用；而基础设施投资对技术引进则存在一定的促进作用，能够增强技术引进对全要素生产率的正向效应。

经过文献的系统梳理发现有关异质型基础设施与全要素生产率关系的研究比较少。刘秉镰和武鹏等（2010）基于省级面板数据，采用随机前沿分析法估计了样本期间的全要素生产率，并构建空间计量模型研究了交通基础设施对全要素生产率的溢出效应；研究表明交通基础设施中的铁路和高速公路均对中国区域全要素生产率产生显著的空间正向溢出作用。刘生龙和胡鞍钢（2010）利用中国省级面板数据，实证检验能源、信息和交通基础设施对中国经济增长的溢出效应；研究表明交通和信息基础设施能够对全要素生产率产生显著的正向影响，相反能源基础设施的影响并不明显。

2.4 文献述评

通过系统梳理城镇化发展、全要素生产率测算以及人力资本和基础设施对全要素生产率影响的相关文献，发现国内外学者对相关研究均进行了详细的探讨，也取得了丰硕的成果，但在相关研究中较少或还未涉及的内容恰好是本书研究的切入点。

第一，城镇化发展和全要素生产率关系的研究。国内学者就中国城镇化发展和全要素生产率测算等方面达成了一定共识：如不同学科从不同角度给出“城镇化概念”；对城镇化发展的阶段性特征进行了具体的总结和归纳；全要素生产率不同的测算方法等。有关城镇化对经济增长影响的研究也非常丰硕，但是有关城镇化进程对全要素生产率具体影响的研究成果比较少；而且在这些方面的研究并没有取得一致结论。从“十五”计划开始，中国政府积极推进经济增长方式的转变，实施城镇化战略，“以人为核心”的新型城镇化逐步成为中国未来经济增长的新引擎。然而，在新引擎下如何显著提高全要素生产率，如何将中国经济增长转向全要素生产率驱动，都成为迫切研究的热点话题。

本书在以往研究的基础上，通过系统分析城镇化发展的阶段性特征，总结出土地城镇化和新型城镇化的区别和联系；从城镇化影响全要素生产率的直接影响和间接影响进行理论分析；利用2000—2016年省级面板数据，具体测算各省市的全要素生产率及其分解变量；构建线性回归模型和非线性门槛回归模型来具体研究城镇化对全要素生产率的影响。这将有利于明确城镇化进程对全要素生产率产生的具体影响，便于研究全要素生产率的驱动机制，以丰富全要素生产率领域的研究内容。

第二，人力资本和全要素生产率关系的研究。国内外学者对人力资本对经济增长方面达成了一定共识：如人力资本积累促进经济增长的重要性；不同层次的人力资本影响经济增长的异质性等。但是有关人力资本和全要素生产率的研究成果较少，尤其是异质型人力资本对全要素生产率在空间效应层面上影响的文献未能取得一致结论。2000年以来，城镇化阶段性发展的进程中，不单单是人口从农业部门向非农业部门的数量转移，全国人口素质随着城镇化的快速发展得到了进一步的提升，促进全国整体人力资本水平的积累。于是，城镇化进程中，中国人力资本结构呈现出以初级人力资逐渐向高级人力资本演进的特征。然而，城镇化进程中结合人力资本结构的演进具体对全要素生产率产生怎样的影响？具体影响方向、程度和路径的研究，将有利于新型城镇化建设中制定有效实现全要素生产率驱动的政策。

本书在以往研究的基础上，通过具体分析人力资本高级化和异质型人力资本的空间相关性以及空间异质性的动态变化特征，构建普通面板模型、交互项模型和三种空间权重矩阵下的空间面板杜宾模型以及非线性门槛面板模型，从空间相关性和空间异质性两个角度，实证分析人力资本高级化和异质型人力资本对全要素生产率影响的空间特征。这将对人力资本影响全要素生产率的研究进行一定程度的拓展和完善。

第三，基础设施和全要素生产率关系的研究。国内外学者对基础设施研究方面达成了一定共识：如基础设施的具体分类、基础设施对经济增长影响重要性、不同类型基础设施对经济增长影响的异质性等。但是有关基础设施和全要素生产率的研究成果，以及异质型基础设施对全要素生产率影响的文献均未能取得一致结论。改革开放以来，伴随着城市偏向型政策的实施，城镇化建设得到快速发展。于是，城镇化进程中，中国基础设施在整体水平上得到快速的提高。尤其在2008年国际金融危机后，中国政府为实现扩内需、保增长的目标，开始实施积极的财政政策，将基础设施投资作为主要内容，前后投资总额达到4万亿元。中国基础设施投资的快速发展有助于实现经济的稳定增长，同时能够惠及民生，加速国际交流合作等方面。同时，基础设施投资的类型也得到不断地调整，基础设施的结构不断优化。在目前追求高质量发展的背景下，针对基础设施结构优化以及异质型基础设施对全要素生产率影响的研究具有非常重要的研究意义，这也将有利于新型城镇化建设中制定有效实现全要素生产率驱动的政策。

本书在以往研究的基础上，通过具体分析基础设施结构优化和异质型基础设施的空间相关性以及空间异质性的动态变化特征，构建普通面板模型、交互项模型和三种空间权重矩阵下的空间面板杜宾模型以及非线性门槛面板模型，从空间相关性和空间异质性两个角度，实证分析基础设施结构优化和异质型基础设施对全要素生产率影响的空间特征。这将对基础设施影响全要素生产率的研究进行一定程度的拓展和完善。

综上所述，通过系统梳理相关文献，本书在已有研究的基础上，从城镇化对全要素生产率的产生具体影响入手，结合城镇化进程中人力资本高级化和基础设施结构优化两个视角，首先从总量层面分析两者对全要素生产率产生的固定效应和交互效应；然后再从结构层面分析异质型人力资本和异质型基础设施对全要素生产率影响的交互效应、空间效应和区域异质性。本书将对城镇化进程中全要素生产率驱动机制的研究进行一定程度上的拓展和完善。

03 第3章

理论分析框架

3.1 城镇化进程影响全要素生产率的可行性分析

国际经验显示，合理的城镇化进程能够成为生产率提高和经济增长的重要推动力，因为城镇区域的快速发展可以产生积极的聚集效应，还能有利于降低交易成本，加速知识的传播速度（国务院发展研究课题组，2014）。自“十五”计划开始，中国政府积极实施城镇化战略，城镇化水平和城镇规模不断扩大，人口不断从农村向城镇转移。基于第2章对中国城镇化发展特殊路径的具体阐述，本章综合分析“软件”和“硬件”两个视角后发现存在两方面显著变化：一方面，人口数量的空间转移和城镇规模的空间拓展；另一方面，人口质量的内在提升和基础设施的效率提高。那么在中国城镇化特殊路径的发展背景下，城镇化进程对全要素生产率产生怎样的影响？

根据柯布—道格拉斯生产函数形式：$Y = AK^{\alpha}L^{\beta}$，其反映出投入与产出间的数量关系；公式中Y表示总产出，K表示资本投入量，L表示劳动力投入量，A表示经济的技术状况，又可以称为全要素生产率。基于第2章全要素生产率的研究综述，A衡量包括劳动L、资本K等全部投入要素的产出效率。因此，一方面，城镇化进程中劳动力错配以及资本误配都会降低劳动L、资本K要素的产出效率，进而对全要素生产率产生消极影响；另一方面，城镇化进程中劳动力素质的内在提升以及基础设施投资带来的效率提高又会提高劳动L、资本K要素的产出效率，进而对全要素生产率产生积极影响。下文分别从这两个方面进行具体分析。

1.城镇化进程中对全要素生产率产生的消极影响

（1）人口数量的空间转移导致一定程度的消极影响

进入2000年后，在人口老龄化加速的背景下大多数学者认为中国逐渐跨过“刘易斯拐点”，以人口空间转移不断向城镇集聚的发展空间已经日益缩小，无法再通过提高资源利用效率来促进生产率提高，即单纯强调人口转移的城镇化水平不利于促进全要素生产率的提高。

第一，人口就业数量从第一产业不断向第二产业和第三产业转移中，导致城镇人口越来越拥挤，而作为吸收就业最多的第三产业，其增长率不断放缓，加剧了人口就业压力，降低了劳动力的配置效率；由此劳动力的错配对社会要素生产率有着明显的负效应，并呈逐渐扩大趋势（袁志刚、解栋栋，2011）。第二，城镇中劳动密集型企业占主导，吸收相对廉价的农村剩余劳动力，仍然以低技术生产为主，纵然城镇化水平得到提高，但并未提高这些企业的创新能力。第三，农民的素质水平仍处在较低水平，导致农业生产效率提升空间有限，农村地区的经济发展处于滞后状态。第四，涌入城镇的大量剩余农村劳动力并没有成为真正的城市人口，存在与户籍人口差异化的公共福利待遇，这将不利于这部分人力资本的提升。

（2）城镇规模的空间拓展导致一定程度的消极影响

各地政府积极实施城镇化战略下，开始了快速的“造城运动”，城镇的数量大幅度增加，城镇的规模快速拓展，空间上“摊大饼”的城市发展模式导致了严重的重复建设，形成“高投资—低回报”的粗放型发展模式，这非常不利于全要素生产率的增长。

第一，城镇规模拓展远超城镇人口增长，表现在城镇建成区的面积快速增长，远远超过居住人口增长的速度；由此农村土地不能良性互动，城镇化快速发展反而导致农村土地的粗放使用，降低了土地的使用效率。第二，农业现代化滞后于城镇化；城乡之间经济发展不协调，经济发展效率不同步，农业生产效率仍处于滞后状态；而且农业生产还未产生规模效应。第三，城市粗放型发展模式，在一定程度上降低了资本投资效率；城市经济资源配置效率也随之降低，不利于高质量的经济增长。第四，城市的集聚效应存在显著的地区差异；东部地区城市集聚效应较明显，而中部和西部地区城市的集聚效应不显著，不平衡的区域经济发展模式，不利于提升全要素生产率的整体水平。

2. 城镇化进程中对全要素生产率产生的积极影响

（1）人口质量的内在提升引致一定程度的积极影响

城镇推进中人口空间转移不断向城镇集聚，城镇劳动力市场加大对技术型以及职业型等具有较高素质水平的劳动力需求，同时引致了较高素质水平的劳动力供给。而较高素质水平劳动力供给的增加显著地促进了人力资本质量的提升；舒尔茨强调人力资本质量提升是促进经济增长的主要因素；同时高素质人力资本具有稀缺的生产配置能力、技术创新能力与吸收能力（Nelson和Phelps，1966）；这将有利于驱动全要素生产率。

第一，城镇化过程中，人口数量不断向城镇集聚，流入城镇的农村剩余劳动力可以通过技术技能培训和学习，有利于提高劳动力的技能水平，进而提升劳动生产率（李实，1999；王小鲁、樊纲，2004）。劳动力通过技术培训，或干中学等途径提高自身的素质水平。第二，劳动者加强了对后代素质教育的重视程度和投资成本，这是因为农村剩余劳动力迁入城镇后，收入水平的提高以及劳动力市场日益递增的竞争程度，引致劳动力增加了自身和后代的技能和教育方面的投资；这将有利于扩大全要素生产率驱动所需的人力资本未来储备。第三，城镇间劳动力迁移有利于发挥人力资本的空间溢出效应，将提高周边地区技术引进和技术扩散的深度和广度；这将有利于增强周边地区全要素生产率的空间相关性。

（2）基础设施的效率提高引致一定程度的积极影响

基础设施投资是提高全要素生产率不可或缺的重要因素，对提升全要素生产率的贡献介于自主创新和技术引进之间；忽略基础设施对技术进步的作用显然是片面的、不合理的（罗良文、潘雅茹等，2016）。伴随着城镇规模快速扩大，地区间基础设施完善程度和覆盖广度得到大幅度提升。鉴于地区间基础设施作为一种公共物品，在经济活动中具有经济外部性和网络属性，各地区基础设施投资建设将有利于加强地区间经济的协调发展，有利于地区间技术研发和技术创新的引进和扩散，这将有利于驱动全要素生产率。

第一，城市化通过创新中介效应显著地驱动全要素生产率增长。城镇化进程中生产要素从农村向城镇地区的集聚过程有助于提高城镇地区的自主创新水平，并通过知识外部性进而产生积极的技术外溢和扩散效应（魏下海、王岳龙，2010；仇怡，2013）；便利的交通基础设施和完善的信息基础设施都有利于促进地区间技术交流和技术扩散。第二，逐渐完善的公共服务体系有利于转移人口更好地积累教育资本和健康资本，成为驱动全要素生产率增长的基本动力（薛刚、陈思霞等，2015）；尤其是城镇化过程中加强对基础教育设施的投入，极大改善了落后地区的教育环境，有利于落后地区人口素质的提高。第三，城镇化进程中科技基础设施得到了各级地区政府的重视，科技基础设施投资持续增长，有利于促进科技基础设施不断建设和完善，为技术研发和创新提供了良好的科技支持。

综上所述，新型城镇化需要走一条高质量发展的道路，实现以人为本、高质量、内涵式的发展，就必须将各种生产资源进行最优配置，在经济资源逐渐稀缺的约束下，有效地驱动全要素生产率增长。因此，城镇化进程中，通过人口质量的内在提升和基础设施的效率提高两个角度将有利于驱动全要素生产率增长。下面针对这两方面的驱动机制对全要素生产率产生的边际效应进行数理分析。

3.2　双驱动机制影响全要素生产率的数理分析

借鉴人力资本理论，舒尔茨认为人力资本包括“质”和“量”两个方面，本书用人力资本高级化来代表人力资本的提升程度。同时将资本投资也分为“质”和“量”两个方面，采用基础设施结构优化代表物质资本的提升程度，即经济效率较高的四种类型基础设施资本存量占总物质资本存量的比例。于是将人力资本高级化和基础设施结构优化作为城镇化进程中全要素生产率的两个驱动机制进行数理分析。人力资本高级化和基础设施结构优化的具体含义和测算详见第4章内容。

为了深入解析双驱动机制对全要素生产率增长率的边际影响，将生产函数设定为Klump R.，Mcadam P.和Willman A.（2012）的CES生产函数形式：

$$Y_t=\left[(A_tL_t)^{\frac{\sigma-1}{\sigma}}+(B_tK_t)^{\frac{\sigma-1}{\sigma}}\right]^{\frac{\sigma}{\sigma-1}} \tag{3.1}$$

其中，Y_t、K_t、L_t分别表示产出、原始资本投入、原始人力投入；σ表示资本与劳动的替代弹性。A_tL_t表示有效劳动，在其他条件不变的情况下，当A_t增大时，单位原始人力投入会产生更多产出，因此A_t也可以看作人力资本结构高级化指数，即A_t越高时，人力资本结构高级化程度越高。B_tK_t表示有效资本，在其他条件不变的情况下，当B_t增大时，单位原始资本投入会产生更多产出，因此B_t也可以看作基础设施结构优化程度，即B_t越高时，基础设施结构优化程度越高。

对于公式（3.1）的增长核算方程可以写为：

$$\frac{\dot{Y}_t}{Y_t}=\frac{\partial Y_t}{\partial L_t}\frac{L_t}{Y_t}(\frac{\dot{A}_t}{A_t}+\frac{\dot{L}_t}{L_t})+\frac{\partial Y_t}{\partial K_t}\frac{K_t}{Y_t}\left(\frac{\dot{B}_t}{B_t}+\frac{\dot{K}_t}{K_t}\right) \tag{3.2}$$

其中，公式（3.2）中变量$\dot{X}$的形式表示变量对时间的导数，变量$\dot{X}/X$的形式表示相应变量的增长率。假定为完全竞争市场，要素边际产出等于要素报酬率，按照全要素生产率增长率的定义，剔除劳动和资本要素增长后，得到全要素生产率增长率的表达式：

$$\frac{T\dot{F}P_t}{TFP_t}=SL_t\frac{\dot{A}_t}{A_t}+SK_t\frac{\dot{B}_t}{B_t} \tag{3.3}$$

其中，SL_t表示劳动要素收入份额，对全要素生产率的增长率求人力资本结构高级化指数增长率的偏导得到：

$$\partial\left(\frac{T\dot{F}P_t}{TFP_t}\right)\Big/\partial\left(\frac{\dot{A}_t}{A_t}\right)=SL_t>0 \tag{3.4}$$

从公式（3.4）可以看到，全要素生产率对人力资本结构高级化的弹性为正，这说明人力资本结构高级化程度的提高可以对全要素生产率产生正向的积极影响，且人力资本结构高级化程度提高越快，全要素生产率增长越快。

人力资本高级化程度对全要素生产率产生的影响主要从以下三个传导机制进行解析：

第一，地区人力资本高级化程度的差异直接影响技术研发水平，进而影响地区技术创新水平。人力资本的结构呈现出“金字塔”结构，处在较高层次的人力资本存量更直接促进新技术的研发、新产业的培育，更有利于促进技术密集型和知识密集型产业等相关产业全要素生产率的提高，带动地区全要素生产率的提升。第二，地区人力资本高级化程度的差异直接影响技术引进程度，进而影响地区技术扩散的速度。地区新型技术的产生除了依赖研发和创新以外，还可以通过技术引进来实现。各类技术的应用，包括再改进、再完善以及再推广都需要高素质人力资本的支撑。随着高素质人力资本需求的增长，必然会推动人力资本结构向高级化演进。这个过程中，人力资本高级化水平的提高，进一步带动了技术的推广，促进了地区全要素生产率的提高。第三，随着技术创新水平和技术扩散水平的提高，也将有利于促进地区间经济资源优化配置；同时伴随经济主体采用新技术和新方法组织生产，可以促进地区经济发展有效实现规模经济；从而形成对技术效率产生技术溢出的提升作用。综上所述，人力资本结构高级化过程通过技术引进、技术创新和技术溢出来驱动地区全要素生产率增长。

公式（3.3）中，SK_t表示资本要素收入份额，对全要素生产率的增长率求基础设施结构优化指数增长率的偏导得到：

$$\partial\left(\frac{T\dot{F}P_t}{TFP_t}\right)\Big/\partial\left(\frac{\dot{B}_t}{B_t}\right)=SK_t>0 \tag{3.5}$$

从公式（3.5）可以看到，全要素生产率对基础设施结构优化的弹性为正，这说明基础设施结构优化程度的提高可以对全要素生产率产生正向的积极影响，且基础设施结构优化程度提高越快，全要素生产率增长越快。随着基础设施结构优化程度的提高，表现为四种类型：交通基础设施、信息基础设施、科技基础设施和教育基础设施的投资比例增加。

四维度基础设施对全要素生产率产生的影响主要从以下三个传导机制进行解析：第一，地区基础设施结构优化程度的差异直接影响经济资源的配置效率，进而影响着技术效率水平；地区良好的交通基础设施水平有利于减少本地与外界交往便利性，有利于降低地区运输成本，有利于提高本地与外界交往便利性；地区良好的信息基础设施则可以降低经济交流中的信息不对称程度，大幅降低地区间信息沟通与交流成本；地区良好的科技基础设施可以有利于促进知识生产以及专业化人力资本的积累；地区良好的教育基础设施则有利于增加人力资本储备的初始积累；这些都将有利于促进技术效率的提升，进而有利于驱动全要素生产率。第二，地区基础设施结构优化程度的差异直接影响经济发展的规模效率，进而影响着技术效率水平；完善的基础设施为私人部门和公共部门的顺利生产和商品运输提供了基本保障；地区良好的交通基础设施和信息基础设施都非常有利于促进经济主体采用新技术和新方法组织生产，优化经济活动空间组织，促进地区间协调发展、分工合作与专业化水平提高，有利于促进地区规模经济发展，有效地实现规模效率，进而有利于驱动全要素生产率。第三，伴随着基础设施结构优化程度的提高，经济资源配置效率和规模效率水平得到提升，这将有利于科研机构、企业和个人的技术创新和研发，促进地区间新技术的引进和扩散，加速地区间技术和信息的交流，同时有利于增强对国际技术溢出的吸收能力，从而形成对技术进步产生效率溢出的促进作用。综上所述，基础设施结构优化的过程通过经济资源配置效率、规模效率和效率溢出来驱动地区全要素生产率增长。

综上所述，通过利用CES生产函数形式，将双驱动机制纳入生产函数中，解析双驱动机制对全要素生产率的边际影响。经推理得出：全要素生产率对人力资本结构高级化的弹性为正，这说明人力资本结构高级化程度的提高可以对全要素生产率产生正向的积极影响；同时全要素生产率对基础设施结构优化的弹性也为正，这说明基础设施结构优化程度的提高可以对全要素生产率产生正向的积极影响。本书的理论分析框架见图3.1。因此，城镇化进程

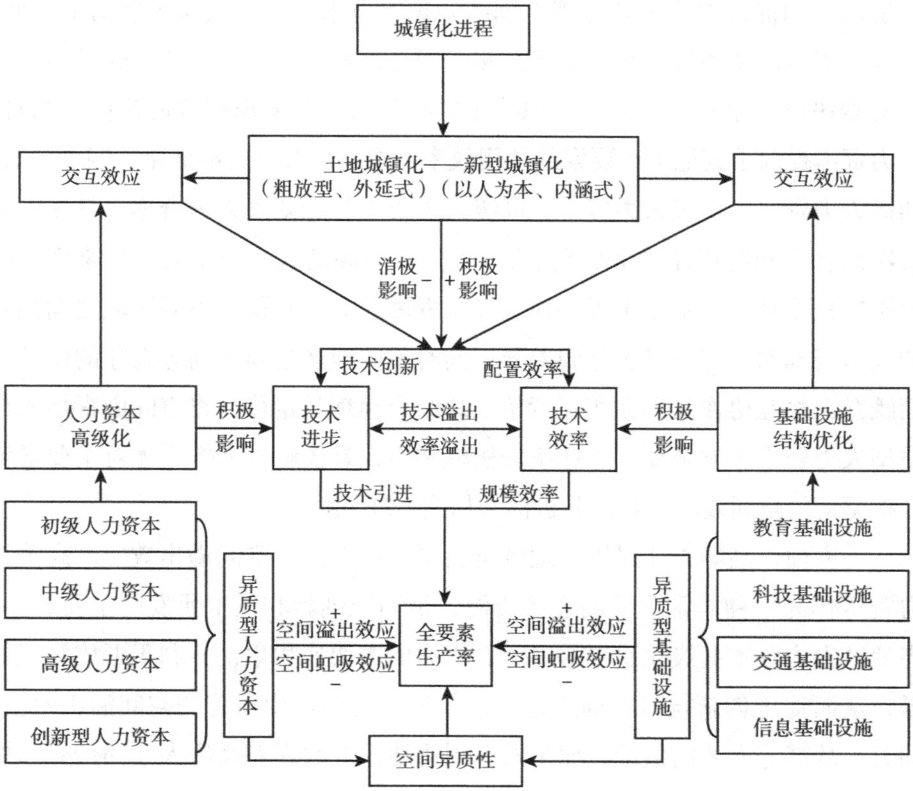

图3.1　城镇化进程中全要素生产率驱动机制理论分析框架

中，城镇化水平结合人力资本结构高级化和基础设施结构优化的积极影响，将有利于驱动全要素生产率增长。随后章节中，将构建相应的计量模型，从总量—结构两个层面上探讨城镇化结合两者对全要素生产率产生的交互效应、空间相关性和空间异质性。

3.3 双驱动机制影响全要素生产率的空间效应分析

1.异质型人力资本影响全要素生产率的空间效应分析

Nelson（1966）将人力资本视为技术创新或模仿的源泉，认为人力资本对经济增长的促进作用主要体现在创新知识（技术）的吸收与扩散两个方面；即人力资本需要通过影响“技术进步”间接地作用于经济增长。这是因为人力资本快速积累有利于促进知识技术的吸收与创新知识扩散的速度；同时，人力资本提高了其他生产要素的使用效率。本书将人力资本细化为四个层次：初级人力资本、中级人力资本、高级人力资本和创新型人力资本，具体不同层次的含义和测算详见第6章内容。而层次越高的人力资本对全要素生产率的影响程度越大。鉴于中国各地区经济发展显著不平衡，不同区域之间拥有的人力资本水平存在显著空间差异；同时不同地区之间在高等人才的供求方面既存在相互协作又存在相互竞争。故结合地理学定律，将空间因素加入异质型人力资本影响全要素生产率分析框架中，具体解析高等人才对全要素生产率驱动的空间效应。具体分析框架如图3.2所示。

一方面，高等人才对周边地区全要素生产率产生空间溢出效应。高等人力资本作为一种非常重要的经济资源，是知识创新和技术研发的主要载体。当地区人力资本高级化水平提高时，人力资本快速积累，有利于形成知识外溢，从而促进创新技术在周边地区的扩散，进而产生显著的空间溢出效应。同时，从高等人才的供给方面来看，周边地区之间在对高等人才的培养和提供方面，存在互惠互利的影响；高等人才在周边地区的不断积累和增长，非常有利于提高地区经济发展产生的集聚效应程度；地区之间的相互协作，优势互补，非常有利于促进区域协调发展；于是地区人力资本高级化水平的提高对周边地区的技术进步产生了一定程度的积极影响。另一方面，高等人才对周边地区全要素生产率产生空间虹吸效应。从高等人才的需求来看，鉴于中国各地区高级人力资本水平相对较低现状，各地区都积极主动地扩大本地区的高等人才储备；这导致地区间对高等人才的争夺中产生显著的空间虹吸效应，相反地区间对初级人力资本和中级人力资本的虹吸效应不明显；因此，随着本地区不断地吸纳周边地区的高等人才，将导致周边地区人力资本高级化水平下降；由此带来地区人力资本高级化水平的提高，又对周边地区的技术进步产生了一定程度的消极影响。

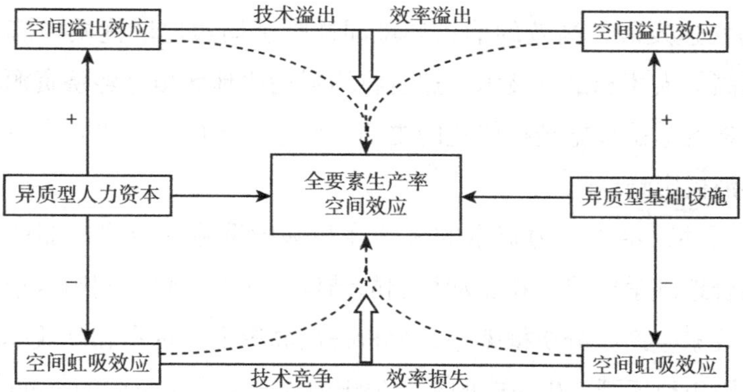

图3.2 双驱动机制的空间效应分析框架

2. 异质型基础设施影响全要素生产率的空间溢出效应分析

基础设施结构优化过程通过经济资源配置效率、规模效率和效率溢出来驱动地区全要素生产率增长。鉴于中国各地区基础设施投资建设水平存在的显著空间差异，同时又存在显著的经济外部性和网络属性，导致不同地区之间在基础设施建设中既存在互惠互利，又存在相互竞争。故结合地理学定律，将空间因素加入异质型基础设施影响全要素生产率分析框架中，具体解析高效率型基础设施对全要素生产率驱动的空间效应。具体分析框架如图3.2所示。

一方面，高效率型基础设施对周边地区全要素生产率产生空间溢出效应。交通和信息基础设施具有网络属性，随着地区间基础设施水平的不断提高，将各个地区的经济活动连成一个整体，降低了经济活动中的运输成本，通过正向的溢出效应，促进地区间经济的协调发展，优化生产要素和经济资源配置效率；高效率型基础设施具有非排他性，存在外部经济性，有利于促进地区间新知识和新技术的扩散，有利于促进周边地区技术进步；于是地区基础设施结构优化的提高对周边地区的全要素生产率产生了一定程度的积极影响。另一方面，高效率型基础设施对周边地区全要素生产率产生空间虹吸效应。基础设施属于一种公共物品，前期建设中需要各地区投入大量的经济资源，包括人力和资本的投入；随着周边地区均加强基础设施建设的影响，加剧了地区间对各类经济资源需求的竞争程度，引致各类生产要素价格的上升，从而导致基础设施在投资效率上产生一定程度的损失；随着地区信息基础设施的快速发展，高效的信息环境同样吸引周边地区优质经济资源的流入，包括高等人才和最新技术，这也将增强周边地区争夺经济资源的竞争程度；于是地区基础设施结构优化的提高对周边地区的全要素生产率产生了一定程度的消极影响。

综上所述，鉴于人力资本的流动性和基础设施的经济外部性和网络属性，将结合地理学定律，在驱动机制的结构层面上，将空间因素纳入驱动机制影响全要素生产率分析框架中，分析得出高等人力资本和高效率基础设施类型均对周边地区既产生正向的空间溢出效应，又产生负向的空间虹吸效应。

3.4 本章小结

首先，综合分析城镇化进程中“软件”和“硬件”视角下对全要素生产率均存在正反两方面影响：一方面，人口数量的空间转移和城镇规模的空间拓展对全要素生产率产生了一定程度的消极影响；另一方面，人口质量的内在提升和基础设施的效率提高又对全要素生产率产生了一定程度的积极影响。

其次，利用CES生产函数形式，将双驱动机制纳入生产函数中，从驱动机制总量层面分析两者对全要素生产率增长的边际影响。经推理得出：全要素生产率对人力资本结构高级化的弹性为正，人力资本结构高级化过程通过技术引进、技术创新和技术溢出来驱动地区全要素生产率增长；同时全要素生产率对基础设施结构优化的弹性也为正，基础设施结构优化的过程通过经济资源配置效率、规模效率和效率溢出来驱动地区全要素生产率增长。

最后，鉴于人力资本的流动性和基础设施的经济外部性和网络属性，将结合地理学定律，在驱动机制的结构层面上，将空间因素加入驱动机制影响全要素生产率分析框架中，分析得出高等人力资本和高效率基础设施类型均对周边地区既产生正向的空间溢出效应，又产生负向的空间虹吸效应。

综上所述，城镇化进程中，城镇化水平结合双驱动机制既会对地区全要素生产率产生积极影响，也会对周边地区全要素生产率产生一定空间效应。在随后的章节中，本书将基于城镇化进程中全要素生产率驱动机制的理论分析框架，依次构建计量模型，分别从驱动机制总量—结构层面实证检验城镇化水平结合驱动机制对全要素生产率产生的方向、程度和路径。

04 第4章

城镇化进程对全要素生产率（TFP）的影响分析

第3章通过分析中国城镇化特殊路径的发展背景，从理论层面分析城镇化对全要素生产率存在的影响，得出：在中国城镇化特殊路径发展背景下，城镇化进程中既由人口数量的空间转移和城镇规模的空间拓展导致了一定程度的消极影响；又由人口质量的内在提升和基础设施的效率提高引致了一定程度的积极影响。那么，2000年以来，中国城镇化进程中伴随着城镇化水平的快速提高，具体对全要素生产率产生怎样的影响呢？基于第3章的理论分析，本章通过构建计量模型来进行实证检验。

4.1 引　言

自1957年全要素生产率（Total Factor Productivity，TFP）由索洛提出以来，其不仅成为分析经济增长源泉的重要工具，而且也是确定经济增长质量的重要方法，还是政府制定长期可持续增长政策的重要依据。中国经济增长如何转向全要素生产率驱动以及如何显著提高全要素生产率成为迫切研究的热点话题。

自“十五”计划开始，中国政府积极推进经济增长方式的转变，实施城镇化战略。“以人为核心”的新型城镇化逐步成为推动中国未来经济增长的新引擎。城镇化水平从2000年的36.2%，快速上升到2016年的57.4%①。但是城镇化进程中也存在一些问题，如城镇化初期不少地区出现“冒进”的现象，导致形成一系列圈地扩容、盖楼建房等外延式的发展，远远超过人口城镇化的发展，城市人民的生活质量、环境质量、建筑质量存在不少问题。于是，城镇化进程中如何有效驱动全要素生产率增长成为迫切需要研究的重大课题。那么，城镇化进程中，全要素生产率具体的趋势变化以及呈现出怎样的空间异质性？城镇化进程中，随着城镇化水平的提高将会对全要素生产率产生怎样的影响？

基于以上问题的解答，已有文献中有关全要素生产率研究成果非常多，但是关注城镇化对全要素生产率的研究成果却很少。因此，本章首先采用DEA-Malmquist指数法对2000—2016年的全要素生产率进行测算，并具体分

① 数据来源于历年《中国统计年鉴》，经作者计算整理得出。

三个年度段动态分析全要素生产率的空间异质性特征；其次，构建普通线性面板回归模型，检验城镇化水平对全要素生产率产生的固定效应；再次，构建面板门槛模型，检验城镇化水平对全要素生产率产生的门槛效应；最后，对本章进行小结。

4.2 全要素生产率的测算与空间异质性的动态分析

4.2.1 全要素生产率的测算方法

目前，测算全要素生产率普遍采用参数法和非参数法两大类：参数法中最具代表性的一种是随机前沿生产函数法（SFA），需要明确生产函数以及技术无效率项的分布，但是复杂的误差项密度函数加大了参数估计的难度；非参数法中最常用的是数据包络分析法（DEA），其优点是无须预设生产前沿的具体形式，仅需要具体投入项和产出项的相关信息，也适用于多产出的处理，可以按照各个生产周期构建生产前沿。因此本书采用后者来测算全要素生产率，Malmquist指数法的具体公式如下：

$$
\begin{aligned}
M_{i,t+1}(x_i^{t+1},y_i^{t+1},x_i^t,y_i^t) &= \left[\frac{D_i^t(x_i^{t+1},y_i^{t+1})}{D_i^t(x_i^t,y_i^t)}\frac{D_i^{t+1}(x_i^{t+1},y_i^{t+1})}{D_i^{t+1}(x_i^t,y_i^t)}\right]^{\frac{1}{2}} \\
&= \frac{D_i^{t+1}(x_i^{t+1},y_i^{t+1})}{D_i^t(x_i^t,y_i^t)}\times\left[\frac{D_i^t(x_i^{t+1},y_i^{t+1})}{D_i^{t+1}(x_i^{t+1},y_i^{t+1})}\frac{D_i^t(x_i^t,y_i^t)}{D_i^{t+1}(x_i^t,y_i^t)}\right]^{\frac{1}{2}} \\
&= Effch_i^{t+1}\times Tech_i^{t+1}
\end{aligned}
\qquad (4.1)
$$

公式（4.1）中i表示第i个决策单位，（x_i^t，y_i^t）和（x_i^{t+1}，y_i^{t+1}）分别表示第t期和第$t+1$期的投入产出集，$x_i^t=X(K_{i,t}, L_{i,t})$表示第$i$个省份第$t$期资本存量$K$以及劳动$L$的投入向量；$y_i^t$为对应的产出，用实际GDP表示。$D_i^t$（$x_i^t$，$y_i^t$）和$D_i^t$（$x_i^{t+1}$，$y_i^{t+1}$）分别是以第$t$期技术表示的第$t$期和第$t+1$期的技术效率水平，$D_i^{t+1}$（$x_i^t$，$y_i^t$）和$D_i^{t+1}$（$x_i^{t+1}$，$y_i^{t+1}$）分别是以第$t+1$期技术表示的第$t$期和第$t+1$期的技术效率水平，$M_{i,t+1}$（$x_i^t$，$y_i^t$，$x_i^{t+1}$，$y_i^{t+1}$）为$t$期到$t+1$期的全要素生产率的变化。用$Effch_i^{t+1}$表示从$t$到$t+1$的技术效率变动指数，描述决策单位

生产靠近当期生产前沿边界的程度；用$Tech_i^{t+1}$表示从t到t+1的生产技术变动的几何平均数，描述了从t到t+1期内生产前沿边界的移动程度。因此，利用Malmquist指数法将全要素生产率分解为技术效率变动指数（Effch）和技术进步变动指数（Tech）。

本书遵循该领域的研究传统，确定投入和产出项的具体信息。

第一，产出项Y：为各省市的国内生产总值（GDP），以各省市2000年GDP为基期，利用GDP平减指数计算历年的实际GDP来衡量。

第二，资本存量K：资本存量估算采用Goldsmith的“永续盘存法”进行估算，具体公式为：$K_t=K_{t-1}-D_t+I_t/P_t=(1-\delta)\times K_{t-1}+I_t/P_t$，其中$K_t$为当期的资本存量，$K_{t-1}$为上一期的资本存量，$I_t$为当期的固定资本形成额，$P_t$即以2000为基期的当期固定资本价格指数，西藏的固定资本价格指数参照单豪杰（2008）方法处理。资本折旧的核算主要有两种方法：一种是直接采用固定资产折旧数据D_t，《中国统计年鉴》自20世纪90年代开始按收入法核算GDP中提供了各省市固定资产折旧具体数据；另一种是估计或假定一个资本折旧率。具体资本存量值K_0数据参照张军（2004），重庆资本存量重新拆分，借鉴李健和卫平（2015）方法。本书采用第一种，剔除固定资本价格影响，折算成2000为基期的固定资本实际折旧额来测算结果，便于考察空间异质性问题。

第三，人力资本投入L：人力资本投入考虑到劳动力受教育程度的地区差异，故采用各省份历年的统计年鉴中分三次产业的总从业人数乘以当年的平均教育年限来计算。平均教育年限由计算省市i在t年时小学（p）、初中和职中（j）、高中和中专（s）、大专及以上学历（c）的人口占省市i总人口的比例，再乘以四种教育程度的相应教育年份来计算，具体计算公式为：$hum_{it}=6p_{it}+9j_{it}+12s_{it}+16c_{it}$。

4.2.2　全要素生产率的测算结果及空间异质性动态分析

运用DEAP2.1软件，由上文具体的产出和投入数据，测算各省份全要素生产率变化率（TFP），同时分解出技术效率变化率（Effch）以及技术进步变化率（Tech）。在选取的2000—2016年，分三个年度段，得出几何平均值，来分析各省份三个量的动态变化及空间异质性，具体结果如表4.1所示。由于全要素生产率均为某省份年度之间的环比改进指数，当其值大于1时，则表示当期相对于前一期的有所改善；相反，当其值小于1时，则代表当期相对于前一期有所收敛。

将表4.1中的结果进行统计，统计结果如表4.2所示。观察表4.1和表4.2，发现在2000—2016年各省份TFP、Effch和Tech的动态变动存在显著的空间异质性。具体的空间异质性特征体现在以下两个方面。

表4.1　　2000—2016年各省份TFP、Effch和Tech的动态变化

代码	省市	TFP			Effch			Tech		
		00-05	05-10	10-16	00-05	05-10	10-16	00-05	05-10	10-16
1	北京	0.994	1.008	1.003	0.967	0.989	0.986	1.027	1.020	1.018
2	天津	1.047	0.984	1.064	1.015	0.965	1.039	1.032	1.020	1.024
3	河北	0.996	0.961	0.978	0.991	0.947	0.966	1.005	1.014	1.012
4	山西	0.998	0.931	0.920	0.998	0.937	0.922	1.000	0.993	0.998
5	内蒙古	0.985	0.973	1.035	0.983	0.952	1.011	1.002	1.022	1.024
6	辽宁	0.998	0.961	1.016	0.992	0.940	1.000	1.006	1.022	1.016
7	吉林	0.990	0.952	0.999	0.987	0.938	0.991	1.003	1.015	1.008
8	黑龙江	1.027	0.958	0.938	1.020	0.963	0.945	1.008	0.995	0.993
9	上海	1.054	1.029	1.017	1.000	1.000	1.000	1.054	1.029	1.017
10	江苏	1.015	1.000	1.012	1.006	0.979	1.005	1.009	1.021	1.008
11	浙江	1.007	0.995	1.000	0.973	0.975	0.988	1.034	1.020	1.012
12	安徽	0.990	0.895	0.935	1.008	0.911	0.945	0.982	0.983	0.989
13	福建	1.015	0.984	0.980	1.000	0.965	0.969	1.015	1.020	1.011
14	江西	0.971	0.905	0.960	0.990	0.918	0.960	0.981	0.986	1.000
15	山东	1.001	0.981	0.984	0.998	0.967	0.973	1.003	1.015	1.011
16	河南	0.996	0.899	0.923	1.024	0.916	0.942	0.973	0.982	0.980
17	湖北	0.973	0.933	0.917	1.000	0.953	0.934	0.973	0.979	0.981
18	湖南	0.989	0.937	0.907	1.015	0.957	0.934	0.974	0.979	0.971
19	广东	1.030	1.004	0.952	1.006	1.000	0.977	1.024	1.004	0.974
20	广西	0.974	0.908	0.913	1.013	0.928	0.929	0.962	0.978	0.983
21	海南	1.010	1.008	0.913	0.994	1.004	0.924	1.016	1.004	0.988
22	重庆	1.047	0.916	1.019	1.038	0.898	1.009	1.008	1.021	1.011
23	四川	0.992	0.935	0.938	1.007	0.951	0.957	0.985	0.983	0.980
24	贵州	0.959	0.958	0.906	0.985	0.977	0.928	0.974	0.980	0.976

续表

代码	省市	TFP			Effch			Tech		
		00-05	05-10	10-16	00-05	05-10	10-16	00-05	05-10	10-16
25	云南	0.987	0.928	0.923	0.987	0.944	0.950	0.999	0.983	0.972
26	西藏	0.969	0.954	0.992	0.937	0.935	0.985	1.034	1.020	1.007
27	陕西	1.004	0.949	0.990	1.004	0.957	0.981	1.000	0.992	1.010
28	甘肃	0.961	0.924	0.886	0.997	0.944	0.913	0.963	0.979	0.970
29	青海	0.990	1.013	1.004	0.974	0.992	0.996	1.016	1.021	1.007
30	宁夏	0.972	0.985	0.989	0.961	0.965	0.982	1.011	1.021	1.007
31	新疆	1.006	0.992	0.978	0.972	0.972	0.967	1.035	1.020	1.012

注：由于篇幅所限，使用具体折旧额测算TFP、Effch和Tech结果，表中仅给出各省份在2000—2016年分三阶段中变化率值，表内数值均为几何平均值。鉴于数据的可得性，书中数据不含中国港澳台地区，下同。

表4.2 2000—2016年各省份TFP、Effch和Tech的空间异质性统计分析

区域	2000—2005年			2005—2010年			2010—2016年		
	TFP>1	Effch>1	Tech>1	TFP>1	Effch>1	Tech>1	TFP>1	Effch>1	Tech>1
东部地区	2、8、9、10、11、13、15、19、21	2、8、9、10、13、19	1、2、3、6、7、8、9、10、11、13、15、19、21	2、9、19、21	21	1、2、3、6、7、9、10、11、13、15、19、21	1、2、6、9、10	2 10	1、2、3、6、7、9、10、11、13、15
中部地区	—	12 16 18	—	—	—	—	—	—	—
西部地区	22 27 31	20、22、23、27	5、22、26、29、30、31	29	—	5、22、26、27、29、30、31	5 22 29	22	5、22、26、27、29、30、31

注：东部地区[①]（含东北三省）共13个省份，代码：1、2、3、6、7、8、9、10、11、13、15、19、21；中部地区共6个省份，代码：4、12、14、16、17、18；西部地区共12个省份，代码：5、20、22、23、24、25、26、27、28、29、30、31。

① 由于东北三省的全要素生产率趋势与东部地区相似，故本书将这3省归入东部地区的样本中，下同。

首先，从横向省份数据来看：（1）在2000—2005年，共有12个省份的TFP值大于1，其中东部地区占9个，而中部和西部地区只占3个，全要素生产率增长最快的分别是：上海5.4%、天津4.7%、重庆4.7%和广东3.0%；观察Effch和Tech的动态变动，东部地区的Tech值全部大于1，说明东部地区的全要素生产率的增长主要是由技术进步推动的；其中技术进步平均增长率最高的3个省份依次为：上海为5.4%、浙江为3.4%、天津为3.2%；东部地区中Effch和Tech均大于1的省份，只有天津、黑龙江、上海、江苏、福建和广东，说明这6个省份的全要素生产率增长来源于技术进步和技术效率得到共同改善的结果，其余省份的全要素生产率均受到技术效率恶化的制约。中西部地区的全要素生产率的增长情况不容乐观，TFP值大于1的省份只有3个，分别为重庆4.7%、陕西0.4%、新疆0.6%，其余省份的全要素生产率平均指数小于1，增长为负，主要受到技术效率或技术进步的制约。（2）在2005—2010年，仅有5个省份的TFP值大于1，其中东部地区占4个，而西部地区只有1个；东部地区的Tech值除了黑龙江，均大于1，说明东部地区技术进步增长显著，但是除了天津、上海和广东以外，其他地区的全要素生产率增长来自技术进步的改善难以抵消技术效率恶化的制约。中西部地区的全要素生产率增长为负，主要是受到技术效率或技术进步两方面的制约。（3）2010—2016年，共有8个省份的TFP值大于1，其中东部地区占5个，而西部地区占3个；Effch和Tech均大于1的省份，只有天津、内蒙古、江苏和重庆。东部地区的北京、辽宁和上海以及西部地区的青海，这4个省份全要素生产率增长来自技术进步的改善。

其次，从纵向时间数据来看：2000—2005年，东部地区技术进步增长显著，成为推动区域全要素生产率增长的主要动力，反映出该区域经济从粗放型向集约型转型，经济增长方式从效率增长向技术推动转变。中西部地区TFP增长主要受技术效率的制约，地区经济仍主要依靠要素投入的粗放型经济为主。在2005—2010年，随着国内资源短缺和环境约束的制约以及国外经济环境的影响，国内技术效率不断恶化，导致国内全要素生产率增长整体情况逐渐收敛。在2010—2016年，随着区域技术进步增长显著，国内全要素生产率增长整体情况逐渐改善，但是技术进步到一定程度后，缺乏可持续更强大的驱动力，不能抵消来自技术效率制约的影响。

综上所述，2000—2016年，东部地区技术进步增长显著，中西部地区技术进步相比东部地区，并不占优势，同时受到技术效率制约的影响。因此TFP动态变动呈现出显著的空间异质性。

4.3 城镇化对全要素生产率的线性影响

4.3.1 普通面板模型设定

遵循该领域的研究传统，结合文献综述的系统梳理，相应加入全要素生产率的影响因素来构建模型。首先，为了检验城镇化对全要素生产率的影响，设定模型如公式（4.2）所示；

$$tfp_{it} = c + \beta_1 ur_{it} + \sum_m \gamma_m C_{it} + u_i + \varepsilon_{it} \tag{4.2}$$

其中，c为常数项，下标i和t分别代表所选省份和年份；β_1为核心解释变量的估计系数；C_{it}代表不同的控制变量集；γ_m为第m个控制变量的估计系数；u_i代表不随时间变化的个体特征效应；ε_{it}表示与解释变量无关的随机扰动项；ur_{it}为城镇化率水平。

然后，为了检验城镇化对全要素生产率影响的具体路径，将全要素生产率分解为技术效率指数和技术进步指数；具体模型设定形式如下所示：

$$effch_{it} = c + \beta_1 ur_{it} + \sum_m \gamma_m C_{it} + u_i + \varepsilon_{it} \tag{4.3}$$

$$tech_{it} = c + \beta_1 ur_{it} + \sum_m \gamma_m C_{it} + u_i + \varepsilon_{it} \tag{4.4}$$

其中，公式（4.3）、公式（4.4）中变量和系数含义同公式（4.2）相同，不再赘述。

4.3.2 变量解释

1. 被解释变量

全要素生产率（TFP）以及分解指数（Effch和Tech）均为各省份年度之

间的环比效率改进指数，为了分析其趋势变化，本书统一口径，均以2000年为基期将各省份全要素生产率、技术效率指数以及技术进步指数换算为定比改进指数来作为被解释变量（程惠芳、陆嘉俊，2014；薛钢，2015），分别用*tfp*、*effch*和*tech*来表示。

2.核心解释变量

城镇化水平（*ur*）：结合国内的统计口径，选择广泛认同的方法，使用各省份年末城镇人口占其年末总人口的比重来衡量。由于2005之前《中国统计年鉴》并未给出具体城镇化率，通过查找各省份的2000—2004年统计年鉴计算城镇化率，个别地区某年份的缺漏值参照相应年份的非农业人口的增长趋势通过移动平均值来补值。城镇化水平的空间异质性以及动态变化特征如表4.3所示，从统计表中可以发现，中国城镇化水平呈现阶梯状，由西部、中部再向东部地区逐渐上升；东部地区城镇化水平显著高于中西部地区，但是上升幅度由11.48%下降到了8.14%；中部地区和西部地区城镇化水平均值差距较小，中部地区上升幅度由20.59%微降为19.76%，西部地区上升幅度由18.75%增加到19.74%；由此可见，东部地区城镇化水平初值较高，但是增长率显著下降，相反中西部地区城镇化水平的增长的空间较大，增长率远远高于东部地区。

表4.3　城镇化水平的空间异质性动态变化统计

变量	2000—2005年均值			2005—2010年均值			2010—2016年均值		
	东部	中部	西部	东部	中部	西部	东部	中部	西部
ur	0.540	0.340	0.320	0.602	0.410	0.380	0.651	0.491	0.455

3.控制变量

政府干涉程度（*lnpfe*）。采用人均财政支出水平来衡量，即各省份财政支出总额除以总人口的值再取对数来计算；鉴于地方政府在城镇化进程中的主导作用，不同的财政支出水平直接反映出地方政府的干涉程度，将会对全要素生产率产生一定程度的影响。

对外开放程度（*lnpie*）。采用人均进出口水平来衡量，即各省份进出口总额除以总人口的值再取对数来计算；其中进出口总额数据经过当年人民币与美元比价的中间价来折算成人民币。人均进出口水平的高低反映出地区对外开放的程度；对外贸易水平较高的地区，国际商品流动和资本流动更为频繁，将会直接影响全要素生产率。

外资利用程度（*lnpfdi*）。采用人均外商直接投资水平来衡量，即各省份外商直接投资总额除以总人口的值再取对数来计算；较高的外资利用水平，有利于促进本国技术的创新和国际高新技术的扩散，从而影响着全要素生产率。

产业结构升级（HI）：体现出产业结构由第一产业向第二产业、第三产业逐渐演进的趋势和程度；通过提高生产要素再配置效率和优化分工专业化水平来影响全要素生产率。在两个不同年份产业结构升级的比较中，可以用产业结构层次系数来定量测度，借鉴靖学青（2005）将某个省份的产业结构按照第三产业、第二产业、第一产业依次排列，将其所占GDP比重设为H_j（j=1，2，3），则产业结构升级指数具体如公式4.3所示。

$$HI=\sum_{k=1}^{3}\sum_{j=1}^{k}H_j \tag{4.5}$$

综上所述，选取2000—2016年省级面板数据，所有变量的原始数据均来源于历年《中国统计年鉴》、历年各省份统计年鉴和中经网数据库，具体变量的描述性统计如表4.4所示。

表4.4 变量的描述性统计

变量	样本值	最大值	最小值	均值	标准差
ur	527	0.896	0.193	0.483	0.157
lnpfe	527	10.78	6.152	8.277	0.997
lnpie	527	11.74	4.948	8.211	1.568
lnpfdi	527	8.047	−0.834	5.382	1.550
HI	527	2.797	2.028	2.284	0.126

注：西藏*pfdi*最小值取对数后为负。

4.3.3 城镇化对TFP影响的固定效应检验与结果分析

基于城镇化影响全要素生产率及其分量的模型设定，具体模型估计方法的选择：通过F检验和Hausman检验表明模型存在显著的个体固定效应，故选取个体固定效应模型进行实证检验；采用Stata14.0软件估计，具体回归结果如表4.5所示。

表4.5　城镇化影响TFP的固定效应检验结果

变量	M1	M2	M3
	tfp	*effch*	*tech*
ur	−0.911*** (−3.842)	−0.570*** (−3.844)	−0.706*** (−3.714)
lnpfe	−0.037 (−1.611)	−0.092*** (−6.453)	0.081*** (4.411)
lnpie	−0.045** (−2.409)	−0.017 (−1.438)	−0.047*** (−3.168)
lnpfdi	−0.004 (−0.395)	−0.000 (−0.018)	0.008 (1.084)
HI	0.156 (1.051)	0.050 (0.544)	0.106 (0.894)
_cons	1.663*** (5.802)	1.910*** (10.651)	0.816*** (3.552)
N	527	527	527
R^2	0.514	0.758	0.065
F	103.668	307.731	6.825

注：***、**分别表示回归系数在1%、5%水平上显著；括号内为系数检验的*t*值。

观察表中的实证结果，可以发现：模型M1中，*ur*回归系数为−0.911，且在1%水平上通过显著性检验；说明城镇化进程中，随着城镇化水平的提高对全要素生产率产生的正向促进效应显著弱于负向抑制效应。模型M2中，*ur*回归系数为−0.570，且在1%水平上通过显著性检验；说明城镇化进程中，随着城镇化水平的提高对技术效率产生的正向促进效应显著弱于负向抑制效应。模型M3中，*ur*回归系数为−0.706，且在1%水平上通过显著性检验；说明城镇化进程中，随着城镇化水平的提高对技术进步产生的正向促进效应显著弱于负向抑制效应。

综上所述，城镇化进程中，随着城镇化水平的提高对全要素生产率、技术效率和技术进步产生的正向促进效应均显著弱于负向抑制效应。因此，为了有效驱动全要素生产率增长，城镇化水平需要结合驱动因素的正向促进作用才能有利于实现全要素生产率驱动。

4.4 城镇化对全要素生产率的非线性影响

4.4.1 面板门槛回归模型设定

鉴于普通面板线性模型，无法检验城镇化对全要素生产率影响的非线性影响。于是，本书采用面板门槛回归模型进行实证研究，目的是捕捉某一变量可能发生跳跃的临界点以及由此导致的模型可能发生的结构性变化；方法是通过选择某一观测值作为门槛变量，按照最优门槛值将回归模型区分为两个或两个以上的区间，各个区间存在不同的回归方程，比较各方程回归系数的方向和程度变化。本书在公式（4.2）、公式（4.3）和公式（4.4）的基础上，引用Hansen（1999）利用门槛回归技术来构建非线性面板门槛模型的思想，将城镇化水平设为门槛变量，并以城镇化为核心解释变量，进行非线性的门槛效应分析，系统检验在城镇化水平的不同区间内对全要素生产率影响的门槛效应。具体估计方法详见Hansen（1999）的研究，在此不赘述。

首先，运用Bootstrap自助抽样法模拟似然比统计量2000次，估计门槛值及相关统计量（见表4.6）。结果发现：在选定的观察期内，被解释变量分别为技术效率（*effch*）时，选取变量*ur*作为门槛变量，核心变量*ur*的F统计量未通过单一门槛的显著性检验，即在城镇化水平的不同区间内，其对技术效率产生的固定效应基本不变，不存在显著的门槛效应；相反，被解释变量分别为全要素生产率（*tfp*）和技术进步（*tech*）时，选取变量*ur*作为门槛变量，核心变量*ur*的F统计量均通过单一门槛的显著性检验，分别在1%水平上通过单一门槛检验，但是其均未通过双重门槛检验，这说明在城镇化水平的不同区间对全要素生产率（*tfp*）和技术进步（*tech*）的固定效应发生显著变化，且存在显著的单一门槛效应。

然后，需要进一步估计单一门槛模型中核心变量的估计系数，来研究具体固定效应变化的方向和程度。现将被解释变量分别为全要素生产率（*tfp*）和技术进步（*tech*），选取变量*ur*设为门槛变量和核心变量的单一门槛模型，设定具体形式如公式（4.6）和公式（4.7）所示。

$$tfp_{it}=c+\beta_1 ur_{it}I(ur\leqslant q)+\beta_2 ur_{it}I(ur>q)+\sum\nolimits_m \gamma_m C_{it}+\varepsilon_{it} \tag{4.6}$$

$$tech_{it}=c+\beta_1 ur_{it}I(ur\leqslant q)+\beta_2 ur_{it}I(ur>q)+\sum\nolimits_m \gamma_m C_{it}+\varepsilon_{it} \tag{4.7}$$

公式（4.6）、公式（4.7）中，*ur*为门槛变量；$I(\cdot)$为指标函数，括号内条件成立时取值为1，不成立时取值为0；β_1和β_2分别为核心解释变量在门槛变量不同区间下的估计系数；C_{it}代表不同的控制变量集；γ_m为第*m*个控制变量的估计系数；ε_{it}表示与解释变量无关的随机扰动项。

表4.6　基于城镇化水平（*ur*）的门槛效应检验

被解释变量	门槛检验	门槛值*q*	*F*值	*P*值	10%临界值	5%临界值	1%临界值
tfp	单一门槛检验	0.8227***	124.66	0.0000	42.3220	53.4229	76.0872
	双重门槛检验	0.5920	54.83	0.2115	183.0877	225.0716	308.2071
tech	单一门槛检验	0.8227***	95.49	0.0020	43.8489	52.6182	73.0390
	双重门槛检验	0.3215	90.40	0.1995	165.7526	205.0893	276.1993

注：***分别表示回归系数在1%水平上显著，*P*值和临界值均为采用Bootstrap自助法重复抽样2000次得到的结果。

4.4.2　城镇化对TFP影响的门槛效应检验与结果分析

根据表4.6的门槛效应检验结果，在选定的观察期内将城镇化水平分为两个区间，区间1为$ur\leqslant q$；区间2为$ur>q$。然后，对面板单一门槛模型进行估计，重点分析在城镇化水平的不同区间，城镇化水平对全要素生产率和技术进步影响变化的方向和程度；采用Stata 14.0，得出不同门槛区间内的回归结果，具体如表4.7所示。

表4.7　　城镇化对全要素生产率和技术进步影响的门槛效应回归结果

变量	M1	M2
	tfp	*tech*
lnpfe	−0.044** （−2.16）	0.076*** （4.50）
lnpie	−0.049*** （−2.94）	−0.050*** （−3.61）
lnpfdi	0.003 （0.34）	0.012* （1.80）
HI	−0.188 （−1.40）	−0.124 （−1.10）
$ur \leqslant q$	−0.743*** （−3.53）	−0.594*** （−3.38）
$ur>q$	−0.250 （−1.15）	−0.264 （−1.45）
_cons	2.400*** （9.16）	1.309*** （5.99）
N	527	527
R^2	0.619	0.206
F	132.41	21.12

注：***、**、*分别表示回归系数在1%、5%、10%水平上显著；括号内为系数检验的*t*值。

对比观察表4.5和表4.7可以发现：无论采用固定效应模型还是单一门槛模型，核心解释变量的显著性和回归系数的符号完全一致，可见两种回归结果是比较稳健的；单一门槛模型在1%的水平上通过了显著性检验，证明了城镇化水平对全要素生产率和技术进步产生的影响存在显著的门槛效应；对比两个表的拟合优度可见，单一门槛模型的拟合优度明显提高，说明单一门槛模型能够更好地解释城镇化与全要素生产率和技术进步之间的关系；如果只采用固定效应模型，那么将会忽略不同城镇化水平区间对全要素生产率和技术进步影响的方向和程度上的变化，因此，基于单一门槛模型的估计结果重点分析城镇化对全要素生产率影响的非线性影响。

1. 核心解释变量

模型M1中，城镇化水平对全要素生产率的影响存在显著单一门槛效应；根据城镇化水平的高低，将整个样本划分为两个门槛区间，当城镇化水平处于不同的门槛区间时，城镇化对全要素生产率产生影响的回归系数显著不同，即城镇化水平对全要素生产率增长的影响随着城镇化的进程而呈现出显著的单一门槛效应。具体来看：当$ur \leq 0.8227$时，ur回归系数为–0.743，且在1%水平上通过显著性检验；说明城镇化进程中，当城镇化水平低于门槛值时，随着城镇化水平的提高对全要素生产率产生的正向促进效应显著弱于负向抑制效应，故城镇化水平对全要素生产率产生一定程度的消极影响。当$ur>0.8227$，ur回归系数为–0.250，未通过显著性检验；说明城镇化进程中，当城镇化水平高于门槛值时，随着城镇化水平的提高对全要素生产率产生的正向促进效应增强，故城镇化水平对全要素生产率的消极影响不显著了。

模型M2中，城镇化水平对技术进步的影响存在显著单一门槛效应；当城镇化水平处于不同的门槛区间时，城镇化对技术进步产生影响的回归系数显著不同，即城镇化水平对技术进步产生的影响随着城镇化进程而呈现出显著的单一门槛效应。具体来看：当$ur \leq 0.8227$时，ur回归系数为–0.594，且在1%水平上通过显著性检验；说明城镇化进程中，当城镇化水平低于门槛值时，随着城镇化水平的提高对技术进步产生的正向促进效应显著弱于负向抑制效应，故城镇化水平对技术进步产生一定程度的消极影响。当$ur>0.8227$，ur回归系数为–0.264，未通过显著性检验；说明城镇化进程中，当城镇化水平高于门槛值时，随着城镇化水平的提高对技术进步产生的正向促进效应增强，故城镇化水平对全要素生产率的消极影响不显著了。

综上所述，鉴于中国实际情况，除了北京、天津和上海三个直辖市的城镇化水平高于门槛值，其他省份的城镇化水平均低于门槛值；故这些地区随着城镇化水平的提高，城镇化对全要素生产率和技术进步产生的正向促进效应均显著弱于负向抑制效应。因此，为了有效驱动全要素生产率增长，城镇化水平需要结合驱动机制的正向促进作用才能有利于驱动全要素生产率增长。

2. 控制变量

政府干涉程度（*lnpfe*）：在模型M1中，回归系数为–0.044，且在5%水平上通过显著性检验，说明城镇化进程中，随着政府干涉程度的增强不利于全要素生产率的增长，在一定程度上导致了消极影响。在模型M2中，回归系数为0.076，且在1%水平上通过显著性检验，说明城镇化进程中，随着政府干涉程度的增强有利于促进技术进步的增长，在一定程度上产生了积极影响。

对外开放程度（*lnpie*）：在模型M1和M2中，回归系数为负值，且在1%水平上通过显著性检验，说明城镇化进程中，随着进出口贸易的发展并没有起到促进全要素生产率增长的作用，而是在一定程度上导致了消极影响。这是因为中国进口贸易中普通商品和劳务比例非常高，而高新技术产品和劳务的比例过低，从而使中国进出口贸易未能有效促进技术引进和技术扩散，还未起到促进全要素生产率增长的作用。

外资利用程度（*lnpfdi*）：在模型M1中，回归系数为0.003，未通过显著性检验，说明城镇化进程中，随着外资利用程度的增强对全要素生产率增长的影响程度并不显著。在模型M2中，回归系数为0.012，且在10%水平上通过显著性检验，说明城镇化进程中，随着外资利用程度的增强有利于推动技术进步的发展，在一定程度上产生了积极影响。这是因为，外资利用程度的增强，有利于促进技术引进和技术扩散，从而起到推动技术进步发展的作用。

产业结构升级（HI）：在模型M1和M2中，回归系数为负值，均未通过显著性检验，说明城镇化进程中，中国产业结构由第一产业向第二产业、第三产业逐渐演进的过程中，主要通过提高生产要素再配置效率和优化分工专业化水平来影响技术效率，进而影响全要素生产率。但是其对技术进步产生的影响程度还未显著，因此中国产业结构升级还未起到有效促进全要素生产率增长的作用。

4.5　本章小结

通过构建城镇化水平影响全要素生产率及其分解项的固定效应模型和门槛模型，从线性和非线性两种方法来实证分析城镇化对全要素生产率影响的方向、路径和效应程度变动情况。首先利用DEA-Malmquist指数法测算出各省份2000—2016年全要素生产率、技术效率指数和技术进步指数，分析三个量在城镇化进程中的动态变化及空间异质性，然后构建固定效应模型来实证分析城镇化水平影响全要素生产率的固定效应；最后构建门槛模型来实证分析城镇化水平影响全要素生产率的门槛效应。具体研究结论如下：

一是，2000—2016年，随着城镇化水平的不断提高，TFP动态变化存在显著的空间异质性。东部地区TFP增长主要受到技术进步推动，地区经济从粗放型逐渐向集约型转型，经济增长方式从效率增长向技术推动转变，但是技术进步到一定程度后，缺乏可持续更强大的驱动力，不能抵消来自技术效率制约的影响，导致后期地区TFP的收敛。中西部地区TFP增长主要受技术效率的影响，地区经济仍主要依靠要素投入的粗放型经济为主，随着资源短缺和环境约束的制约，技术效率不断恶化，而技术进步增长相对东部地区发展不占优势，导致了中西部地区TFP在中后期的不断收敛。

二是，构建固定效应模型来实证分析城镇化水平影响全要素生产率、技术效率和技术进步的固定效应。研究发现：固定效应回归结果中，城镇化水平的回归系数均显著为负，即城镇化进程中，随着城镇化水平的提高对全要素生产率、技术效率和技术进步产生的积极影响均显著弱于消极影响。

三是，构建门槛效应模型来实证分析城镇化水平影响全要素生产率和技术进步的门槛效应。研究发现：城镇化水平对全要素生产率和技术进步产生的影响存在显著的门槛效应；单一门槛模型的拟合优度明显提高，说明单一门槛模型能够更好地解释城镇化与全要素生产率和技术进步之间的关系；说明城镇化进程中，当城镇化水平低于门槛值时，随着城镇化水平的提高对全要素生产率以及技术进步产生的正向促进效应显著弱于负向抑制效应，故城镇化水平对全要素生产率和技术进步产生一定程度的消极影响；当城镇化水平高于门槛值时，随着城镇化水平的提高对全要素生产率以及技术进步产生的正向促进效应增强，故城镇化水平对全要素生产率和技术进步的消极影响不显著了。

综上所述，基于固定效应和门槛效应的研究结论，城镇化进程中，随着城镇化水平的提高对全要素生产率、技术效率和技术进步产生的正向促进效应均显著弱于负向抑制效应。因此，为了有效驱动全要素生产率增长，城镇化水平需要结合全要素生产率的驱动机制，来产生正向促进作用才能有利于驱动全要素生产率增长。

05 第5章

城镇化进程中TFP增长驱动机制分析：总量层面

第4章基于城镇化对全要素生产率影响的固定效应和门槛效应的分析，得出：城镇化进程中，随着城镇化水平的提高对全要素生产率、技术效率和技术进步产生的正向促进效应均显著弱于负向抑制效应。为了有效驱动全要素生产率增长，城镇化水平需要结合全要素生产率的驱动机制，来产生正向促进作用才能有利于驱动全要素生产率增长。那么，2000年以来，城镇化进程中，伴随着城镇化水平的快速提高，存在哪些驱动机制能够有利于全要素生产率的增长呢？驱动机制呈现出怎样的变化趋势和区域异质性特征？驱动机制对全要素生产率的影响方向、程度和路径？城镇化结合驱动机制是否能对全要素生产率产生促进作用？基于第3章的理论分析，这些问题都将在本章的实证部分进行检验和解答。

5.1 引 言

土地城镇化和新型城镇化是中国城镇化发展中不同阶段下的两种特殊路径。新型城镇化以人为本的模式及时纠正了土地城镇化发展出现的一系列问题，注重城镇化发展质量的提升。本章从两个视角综合分析：一是城镇化过程中人力资本高级化，即人口质量提升方面；二是城镇化过程中基础设施结构优化，即基础设施效率提升方面。

从人口质量提升的角度来看：城镇化进程中，农村剩余劳动力在城乡空间上逐渐迁移，即农业转移人口逐渐市民化，同时伴随着部分农村剩余劳动力进入城市，表现为人口从农村向城镇不断集聚的过程；在此过程中同时带动了转移人口素质的提升（薛刚、陈思霞等，2015）。这是因为在城镇化进程中，优质生产资源在城镇地区的不断集聚中，有利于城镇人力资本的积累，同时由此引致的“干中学”效应和知识集聚效应的外溢性，均有利于促进全要素生产率增长（Henderson和Wang，2007）。于是，中国人力资本结构也经历了巨大的变化，2000—2016年，从业人数中受教育的最高学历统计中，初等教育人口比例持续下降，从35.7%持续降到了23.8%；中等教育人口比例从45.1%逐渐上升到51.9%；高等教育人口比例从3.6%逐渐上升到12%[①]，可见，随着城镇化的快速推进，人力资本结构呈现出以初级人力资本向高级人力资本演进的特征。但是总体来看，中等教育人力资本仍然占到全部人力资本的一半，而高等教育人力资本比例仍然比较低。那么，在城镇化进程中，通过促进人力资本结构高级化的这种演变能否有效驱动全要素生产率增长？人力资本结构高级化影响的方向、程度和路径又如何？

从基础设施效率提升的角度来看：随着人口从农村地区向城市地区逐渐集聚，引致城市内相应基础设施如教育、医疗和公用事业等需求的不断增加，刺激城市内一系列基础设施的投资，城市基础设施规模的不断增加促进了城市经济的快速发展（武力超、孙浦阳，2010）。同时伴随城市人口、经济等规模扩大，城市基础设施的完善既能够保障城市系统运行，又可以作用于空间城市化，还可以显著促进要素流动、提高生产率以及改善投资环境等，并通过乘数效应驱动经济快速发展，进而带动经济城市化的发展（谭俊涛等，2014）。2000年以来，公路、高速公路、高速铁路、轻轨、通信、信息等基础设施的建设取得了巨大的成就。城镇化进程中，这些基础设施存量的增长速度显著快于GDP的增长速度，并且基础设施在总资本存量中的所占比例呈现逐年上升趋势（胡李鹏、樊纲等，2016）。城镇化进程中，中国基础设施结构不断得到优化，同时基础设施配置效率也得到不断提高。那么基础设施是否得到优化配置？如此快速增长的基础设施是否能驱动全要素生产率增长？基础设施结构优化影响的方向、程度和路径又如何？

基于以上问题的解答，已有文献对全要素生产率研究中，从人力资本的角度研究全要素生产率增长问题，如Nelson和Phelps（1966）、Barro（1991）、Benhabib和Spiegel（1994）、魏下海和张建武（2010）、赵立斌（2013）、孙一平和周向（2015）等；同时也有文献从基础设施的角度研究全要素生产率增长问题：Aschauer（1989）、Boarnet（1998）、Cohen和Morrison（2004）、Bronzini和Piselli（2009）、张先锋和丁亚娟等（2010）、刘秉镰和武鹏等（2010）、张浩然和衣保中（2012）等。基于已有文献的研究成果，本章结合驱动全要素生产率增长的人力资本和基础设施这两种驱动机制，从总量层面，

① 数据来源历年《中国统计年鉴》，经作者计算整理得出。

构建计量模型实证分析城镇化进程中两者对全要素生产率增长的影响。首先，对2000—2016年人力资本高级化和基础设施结构优化程度进行测算，并具体分三个年度段来分析这两个驱动机制的区域异质性特征；其次，构建普通线性面板回归模型，检验驱动机制总量对全要素生产率产生的固定效应；再次，构建面板交互效应模型，检验城镇化水平结合驱动机制对全要素生产率产生的交互效应；最后，本章小结。

5.2 驱动机制总量层面的测算与区域异质性动态分析

5.2.1 驱动机制总量层面的测算与描述性统计

1. 人力资本高级化（*humhg*）

人力资本高级化能够体现出人力资本结构由初级人力资本向高级人力资本逐渐演进的趋势和程度。在两个不同年份人力资本结构高级化程度的比较中，可以用人力资本结构层次系数来定量测度。其与产业结构由低级向高级的演进过程相类似，故借鉴靖学青（2005）和刘智勇等（2018），将某个省份的人力资本按照大专以上、高中、初中、小学和文盲半文盲5类教育程度依次排列，将其所占比重设为H_j（j=1，…，5），则人力资本高级化具体公式如下。

$$humhg = \sum_{k=1}^{5}\sum_{j=1}^{k} H_j \tag{5.1}$$

2. 基础设施结构优化（*rkinf*）

关于基础设施的代理变量选择主要有两种方式：第一种方式：选择实物基础设施或者到特定基础设施的距离作为代理变量（骆永民，2010），比如互联网用户数、单位面积公里数、光缆线路长度等；选择这些变量的优点是可以直接地反映相应基础设施的现实情况；但缺点是部分基础设施的统计数据不易获得。第二种方式：选择基础设施投资额作为代理变量（骆永民、樊丽明，2012）；优点是可以较为全面地反映基础设施投入力度；但是缺点是不能直接准确地反映基础设施存量。具体代理变量选择可以根据实际研究情况和数据的可得性，进行择优选取。

根据第3章理论分析，选取的四个维度：交通基础设施、信息基础设施、科技基础设施和教育基础设施。本章先从总量层面分析城镇化进程中这些基础设施对全要素生产率的驱动效应。历年这些数据中涵盖了全社会主要行业历年的固定资产投资数据；参照具体的固定资产投资项目，选取一一对应的四个投资项目依次为：交通运输、仓储和邮政业，信息传输、软件和信息技术服务业，科学研究和技术服务业，教育。利用四维度投资项目的固定资产投资额可以加总的优点，本书选用这四个投资额的和来作为计算基础设施存量的历年流量值，用*Iinf*来表示[①]。

不同地区的基础设施投资额能够有效促进基础设施存量的累积，由此积累的基础设施存量的差异将直接影响地区全要素生产率的增长。2000—2016年各省份的基础设施存量具体采用Goldsmith的“永续盘存法”进行估算，用*Kinf*表示。具体公式为：$Kinf_t=(1-\delta)\times Kinf_{t-1}+Iinf_t/P_t$。其中，$Kinf_t$为当期的基础设施存量；$Kinf_{t-1}$为上一期的基础设施存量；$Iinf_t$为当期的四维度基础设施投资总额；*P*t即以2000为基期的当期固定资本价格指数（同第4章）；δ为折旧率取值6.9%（胡李鹏、樊纲等，2016）；2000年的基础设施基期存量核算借鉴Hall和Mairesse（1995）的方法：$Kinf_0=Iinf_0/(\delta+g)$。其中，*g*为各省份以2000年为基期核算的基础设施投资总额的实际值（$Iinf_t/P_t$）在2000—2016年的年均实际增长率。

为衡量基础设施结构优化程度，采用基础设施实际存量占总实际物质资本存量的比例来衡量，用*rkinf*来表示，即$rkinf=Kinf/K$。其中，*K*为总实际物质资本存量，具体估算见第4章内容。

综上所述，选取2000—2016年省级面板数据，驱动机制的原始数据均来源于历年《中国统计年鉴》、历年各省份统计年鉴和中经网数据库，具体变量的描述性统计如表5.1所示。

① 鉴于2003年开始《中国统计年鉴》中全社会固定资产投资数据统计口径发生变化，2003年之前的数据采用各省份2003—2016年平均增长率进行补值。

表5.1　　驱动机制总量层面的描述性统计

变量	样本值	最大值	最小值	均值	标准差
humhg	527	3.774	1.581	2.724	0.325
rkinf	527	0.490	0.030	0.131	0.065

5.2.2　驱动机制总量层面的区域异质性动态变化分析

1. 人力资本高级化（*humhg*）

观察表5.2可以发现：人力资本高级化程度在三个年度段内的均值在东部地区最高，中部地区居中，西部地区均值最低；人力资本高级化程度在三个年度段内的增长幅度中，东部地区均值增长幅度由4.985%上升为6.309%，中部地区均值增长幅度由5.06%上升为5.965%，西部地区均值增长幅度由5.795%上升为6.837%。由此发现，2000—2016年东部、中部和西部地区的人力资本结构均呈现出以初级人力资本向高级人力资本演进的特征，而且各地区高级化程度增长幅度也不断增加，东部地区人力资本高级化程度最高，但是中西部地区人力资本高级化程度上升的空间更大。

2. 基础设施结构优化（*rkinf*）

观察表5.2可以发现：基础设施结构优化程度在三个年度段内的均值在东部地区最低，中部地区居中，西部地区均值最高；基础设施结构优化程度在三个年度段内的增长幅度中，东部地区均值增长幅度由46.429%大幅度下降为7.317%，中部地区均值增长幅度由16.949%，变为−18.116%，西部地区均值增长幅度由21.678%，变为−11.494%。由此发现，2000—2016年东部、中部和西部地区的基础设施结构优化程度均呈现出与人力资本高级化不同的趋势；各地区的基础设施结构优化程度在2005—2010年得到大幅度提高，增长幅度最大的是东部地区，最低的是中部地区，西部地区居中，中国基础设施结构优化程度得到大幅提高；但是2010—2016年基础设施结构优化程度在东部地区增长显著放缓，而中部和西部均为负增长，即中部和西部地区在四个维度：交通基础设施、信息基础设施、科技基础设施和教育基础设施上的资本存在比例显著下降；中部和西部地区呈现出相似的动态变化。

表5.2　　驱动机制总量层面的区域异质性动态变化统计

变量	2000—2005年均值			2005—2010年均值			2010—2016年均值		
	东部	中部	西部	东部	中部	西部	东部	中部	西部
humhg	2.748	2.569	2.364	2.885	2.699	2.501	3.067	2.860	2.672
rkinf	0.084	0.118	0.143	0.123	0.138	0.174	0.132	0.113	0.154

5.3　驱动机制总量影响TFP的固定效应分析

5.3.1　模型设定

首先，为了检验城镇化进程中驱动机制对全要素生产率的影响，设定模型如公式（5.2）所示。

$$tfp_{it} = c + \beta_1 ur_{it} + \beta_2 humhg_{it} + \beta_3 rkinf_{it} + \sum_m \gamma_m C_{it} + u_i + \varepsilon_{it} \tag{5.2}$$

公式中，c为常数项，下标i和t分别代表所选省市和年份；β_n为核心解释变量的估计系数；C_{it}代表不同的控制变量集，同前文一致；γ_m为第m个控制变量的估计系数；u_i代表不随时间变化的个体特征效应；ε_{it}表示与解释变量无关的随机扰动项；ur_{it}为城镇化率水平；$humhg_{it}$为人力资本高级化程度；$rkinf_{it}$为基础设施结构优化程度。

其次，为了检验城镇化进程中驱动机制对全要素生产率影响的具体路径，将全要素生产率的分解项技术效率指数（*effch*）和技术进步指数（*tech*）分别作为被解释变量。具体模型设定形式如下所示。

$$effch_{it} = c + \beta_1 ur_{it} + \beta_2 humhg_{it} + \beta_3 rkinf_{it} + \sum_m \gamma_m C_{it} + u_i + \varepsilon_{it} \tag{5.3}$$

$$tech_{it} = c + \beta_1 ur_{it} + \beta_2 humhg_{it} + \beta_3 rkinf_{it} + \sum_m \gamma_m C_{it} + u_i + \varepsilon_{it} \tag{5.4}$$

公式中变量和估计系数含义与公式（5.2）相同，不再赘述。

5.3.2 实证结果分析

基于城镇化影响全要素生产率及其分解项的模型设定，具体模型估计方法的选择：通过F检验和Hausman检验表明模型存在显著的个体固定效应，故选取个体固定效应模型进行实证检验；采用Stata14.0软件估计，具体回归结果如表5.3所示。

1. 城镇化水平（*ur*）

观察表5.3中的实证结果，可以发现：模型M1中，*ur*回归系数为–0.813，且在1%水平上通过显著性检验，说明城镇化进程中，城镇化水平的提高对全要素生产率产生的正向促进效应显著弱于负向抑制效应，故城镇化水平对全要素生产率产生一定程度的消极影响。模型M2中，*ur*回归系数为–0.508，且在1%水平上通过显著性检验，说明城镇化进程中，城镇化水平的提高对技术效率产生的正向促进效应显著弱于负向抑制效应，故城镇化水平对技术效率也产生一定程度的消极影响。模型M3中，*ur*回归系数为–0.661，且在1%水平上通过显著性检验，说明城镇化进程中，城镇化水平的提高对技术进步产生的正向促进效应显著弱于负向抑制效应，故城镇化水平对技术进步也产生一定程度的消极影响。

表5.3　城镇化进程中驱动机制影响TFP的固定效应检验结果

变量	M1	M2	M3
	tfp	*effch*	*tech*
ur	–0.813*** （–3.617）	–0.508*** （–3.624）	–0.661*** （–3.538）
humhg	0.107 （1.407）	0.009 （0.200）	0.149** （2.368）
rkinf	1.256*** （7.143）	0.849*** （7.743）	0.486*** （3.327）
lnpfe	–0.057** （–2.324）	–0.096*** （–6.333）	0.057*** （2.808）
lnpie	–0.060*** （–3.378）	–0.027** （–2.443）	–0.053*** （–3.591）

续表

变量	M1	M2	M3
	tfp	*effch*	*tech*
lnpfdi	−0.004 （−0.422）	−0.000 （−0.036）	0.008 （1.119）
hi	0.080 （0.562）	0.012 （0.137）	0.054 （0.459）
_cons	1.624*** （5.730）	1.949*** （11.032）	0.688*** （2.921）
N	527	527	527
R^2	0.566	0.786	0.102
F	91.052	256.024	7.972

注：***、** 分别表示回归系数在1%、5%水平上显著；括号内为系数检验的*t*值。

对比观察第4章中的表4.5中的实证结果，可以发现：对比两个表的拟合优度，表5.3中模型的拟合优度得到提高，这说明固定效应模型中加入人力资本高级化和基础设施结构优化这两个驱动机制之后，模型能够更好地解释城镇化进程中城镇化水平对全要素生产率、技术效率和技术进步之间的关系。模型M1、模型M2和模型M3中*ur*回归系数符号和显著性未发生变化，只是表5.3中的回归系数的绝对值比表4.5中均偏小一些，这说明模型中加入驱动机制后，城镇化消极影响程度减弱，而如果忽略了驱动机制的促进作用，将会导致城镇化水平对全要素生产率、技术效率和技术进步负面影响程度的高估。

2. 人力资本高级化（*humhg*）

观察表5.3中的实证结果，可以发现：模型M1中，*humhg*回归系数为0.107，但未通过显著性检验，说明城镇化进程中，人力资本高级化程度的提高对全要素生产率产生了正向促进效应，但是促进效应还未显著。虽然城镇化进程中，各地区人力资本结构呈现出以初级人力资本向高级人力资本演进的显著特征，但是中国中等教育人力资本仍然占到全部人力资本的一半，而高等教育人力资本比例仍然比较低，因此，在总样本下，人力资本高级化驱动全要素生产率增长的促进效应不够显著。模型M2中，*humhg*回归系数为0.009，但未通过显著性检验，说明城镇化进程中，人力资本高级化程度的提高对技术效率产生的正向促进效应，但是促进效应还未显著。模型M3中，

*humhg*回归系数为0.149，且在5%水平上通过显著性检验，说明城镇化进程中，人力资本高级化程度的提高对技术进步产生了显著的正向促进效应。因此，在总样本下，人力资本作为知识传播和知识创新的主要载体，通过人力资本高级化程度的提高，有效加强了人力资本对技术创新和技术扩散产生的作用效果，从而有利于促进技术进步提升，进而驱动全要素生产率增长；由于人力资本高级化对技术效率的促进效应不够显著，导致了驱动全要素生产率增长的效应不够显著。为了更好地探究人力资本高级化如何有效成为全要素生产率的驱动机制，需要进一步针对异质型人力资本对全要素生产率的影响进行具体分析和检验，具体详见第6章。

3.基础设施结构优化（*rkinf*）

观察表5.3中的实证结果，可以发现：模型M1中，*rkinf*回归系数为1.256，且在1%水平上通过显著性检验，说明城镇化进程中，基础设施结构优化程度的提高对全要素生产率产生了显著的正向促进效应，这是因为在城镇化进程中，基础设施投资是提高全要素生产率不可或缺的重要因素，随着四个维度：交通基础设施、信息基础设施、科技基础设施和教育基础设施的存量占总物质资本存量比例的上升，通过提高基础设施结构优化程度，能够有效地驱动全要素生产率的增长。模型M2中，*rkinf*回归系数为0.849，且在1%水平上通过显著性检验，说明城镇化进程中，基础设施结构优化程度的提高对技术效率产生了显著的正向促进效应，这是因为在城镇化进程中，通过提高基础设施结构优化程度，能够有效地驱动技术效率的增长。模型M3中，*rkinf*回归系数为0.486，且在1%水平上通过显著性检验；说明城镇化进程中，基础设施结构优化程度的提高对技术进步产生了显著的正向促进效应；这是因为在城镇化进程中，通过提高基础设施结构优化程度，能够有效地驱动技术进步的增长。

对比观察模型M2和模型M3中*rkinf*回归系数发现：城镇化进程中，基础设施结构优化程度的提高对技术效率产生的促进效应显著大于对技术进步的促进效应；基础设施结构优化更多通过促进技术效率提高来驱动全要素生产率增长。这说明随着四个维度：交通基础设施、信息基础设施、科技基础设施和教育基础设施的存量占总物质资本存量比例的上升，有利于降低地区间物流成本，提高了生产效率，促进了规模效率提升；同时信息和科技设施的完善加速了技术扩散和技术引进的效率；基础教育的完善夯实了人力资本积累的来源等。在城镇化进程中，由于基础设施结构优化程度的提高，既能有效地提升技术效率，又能有效地促进技术进步，进而有效地驱动全要素生产率的增长。为了更好地探究基础设施投资结构的合理调整，需要进一步针对异质型基础设施对全要素生产率的影响进行具体分析和检验，具体详见第7章。

4.控制变量

政府干涉程度（*lnpfe*）：模型M1中，回归系数为–0.057，且在5%水平上通过显著性检验，说明城镇化进程中，随着政府干涉程度的增强不利于全要素生产率的增长，在一定程度上导致了消极影响。模型M2中，回归系数为–0.096，且在1%水平上通过显著性检验，说明城镇化进程中，随着政府干涉程度的增强不利于技术效率的提升，在一定程度上导致了消极影响。模型M3中，回归系数为0.057，且在1%水平上通过显著性检验，说明城镇化进程中，随着政府干涉程度的增强有利于促进技术进步的增长，在一定程度上产生了积极影响。表5.3中的回归结果与表4.7中门限回归结果的影响方向保持一致，只是回归系数轻微变动。综合模型M1—模型M3的回归结果得出：城镇化进程中，政府干涉程度对技术进步的正向促进效应较弱于其对技术效率的负向抑制效应，随着政府干涉程度的提高，将对全要素生产率产生的消极影响。因此，随着政府支出规模适当下降，将减少对市场经济的干预程度，有效促进市场机制发挥作用，有利于非国有经济在技术创新上发挥更大的作用；同时这将有利于市场竞争，提升配置效率，进而驱动全要素生产率增长。

对外开放程度（*lnpie*）：模型M1—模型M3中，回归系数为负值，且分别在1%和5%水平上通过显著性检验，说明城镇化进程中，随着进出口贸易的发展并没有起到促进全要素生产率增长的作用，而是在一定程度上导致了消极影响。这是因为中国进口贸易中普通商品和劳务比例非常高，而高新技术产品和劳务的比例过低，中国进出口贸易未能有效促进技术引进和技术扩散，还未起到促进全要素生产率增长的作用。

外资利用程度（*lnpfdi*）：模型M1—模型M3中，回归系数均未通过显著性检验，说明城镇化进程中，随着外资利用程度的增强对全要素生产率、技术效率和技术进步的影响程度并不显著，因此中国外资利用程度亟须进一步加强，才能有效促进全要素生产率的增长。

产业结构升级（HI）：在模型M1—模型M3中，回归系数均未通过显著性检验；说明城镇化进程中，中国产业结构由第一产业向第二、第三产业逐渐演进的过程中，主要通过提高生产要素再配置效率和优化分工专业化水平来影响技术效率，进而影响全要素生产率。但是其对技术进步产生的影响程度还未显著，因此中国产业结构升级亟须进一步优化调整，才能有效促进全要素生产率的增长。

综上所述，城镇化进程中，随着城镇化水平的提高对全要素生产率、技术效率和技术进步产生的积极影响均显著弱于消极影响。而人力资本高级化程度的提高对技术进步产生了显著的促进效应；基础设施结构优化程度的提高对全要素生产率也产生了显著的促进效应。因此，城镇化进程中，需要重视驱动机制对全要素生产率产生的促进效应；同时，为了有效驱动全要素生产率增长，城镇化水平需要结合驱动机制的正向促进作用才能有利于实现全要素生产率驱动。

5.4 城镇化结合驱动机制总量影响TFP的交互效应分析

5.4.1 交互效应模型设定

在城镇化进程中，城镇化水平结合两个驱动机制对全要素生产率将产生怎样的影响？具体影响的方向和程度如何？为此，构建城镇化水平和驱动机制的交互项模型（5.5）—模型（5.10），分别检验城镇化水平结合两个驱动机制共同对全要素生产率产生的交互效应；为了进一步探究交互项促进全要素生产率进步的具体实现路径，将技术效率和技术进步分别替代全要素生产率作为被解释变量来构建相应的模型，具体模型形式如下。

1. 城镇化结合人力资本高级化的交互效应模型

$$tfp_{it} = c + \beta_1 ur_{it} + \beta_2 ur_{it} \times humhg_{it} + \beta_3 rkinf_{it} + \sum_m \gamma_m C_{it} + u_i + \varepsilon_{it} \quad (5.5)$$

$$effch_{it} = c + \beta_1 ur_{it} + \beta_2 ur_{it} \times humhg_{it} + \beta_3 rkinf_{it} + \sum_m \gamma_m C_{it} + u_i + \varepsilon_{it} \quad (5.6)$$

$$tech_{it} = c + \beta_1 ur_{it} + \beta_2 ur_{it} \times humhg_{it} + \beta_3 rkinf_{it} + \sum_m \gamma_m C_{it} + u_i + \varepsilon_{it} \quad (5.7)$$

2. 城镇化结合基础设施结构优化的交互效应模型

$$tfp_{it} = c + \beta_1 ur_{it} + \beta_2 ur_{it} \times rkinf_{it} + \beta_3 humhg_{it} + \sum_m \gamma_m C_{it} + u_i + \varepsilon_{it} \quad (5.8)$$

$$effch_{it} = c + \beta_1 ur_{it} + \beta_2 ur_{it} \times rkinf_{it} + \beta_3 humhg_{it} + \sum_m \gamma_m C_{it} + u_i + \varepsilon_{it} \quad (5.9)$$

$$tech_{it} = c + \beta_1 ur_{it} + \beta_2 ur_{it} \times rkinf_{it} + \beta_3 humhg_{it} + \sum_m \gamma_m C_{it} + u_i + \varepsilon_{it} \quad (5.10)$$

以上模型中，c为常数项，下标i和t分别代表所选省市和年份；β_n为核心解释变量的估计系数；C_{it}代表不同的控制变量集，同前文一致；γ_m为第m个控制变量的估计系数；u_i代表不随时间变化的个体特征效应；ε_{it}表示与解释变量无关的随机扰动项；ur_{it}为城镇化率水平；$ur_{it} \times humhg_{it}$为城镇化与人力资本高级化程度的交互项；$ur_{it} \times rkinf_{it}$为城镇化与基础设施结构优化程度的交互项。

5.4.2 实证结果分析

基于上文城镇化结合驱动机制交互项模型的设定，通过F检验和Hausman检验表明模型存在显著的个体固定效应，故选取个体固定效应模型进行实证检验；并采用Stata14.0软件进行估计，具体回归结果如表5.4所示。

对比观察表5.4和表5.3可以发现：无论采用固定效应模型还是交互效应模型，核心解释变量ur的显著性和回归系数的符号完全一致；模型M1—模型M6中，ur回归系数均为负，且在1%水平上通过显著性检验，说明城镇化进程中，城镇化水平的提高对技术效率和技术进步产生的正向促进效应显著弱于负向抑制效应，故城镇化水平对全要素生产率产生一定程度的消极影响，与固定效应模型结论一致。控制变量回归系数符号和显著性变化不大，对全要素生产率的影响与固定效应模型一致，故不再赘述。对比两个表的拟合优度可见，交互效应模型的拟合优度明显提高，说明交互效应模型能够更好地解释城镇化与全要素生产率、技术效率和技术进步之间的关系。如果只采用固定效应模型，那么将会忽略城镇化水平结合驱动机制对全要素生产率、技术效率和技术进步产生的交互效应，故重点分析交互项对全要素生产率产生的交互效应。

表5.4　城镇化结合驱动机制总量影响TFP的交互效应检验结果

变量	M1	M2	M3	M4	M5	M6
	tfp	*effch*	*tech*	*tfp*	*effch*	*tech*
ur	−2.698***	−0.942***	−2.488***	−0.766***	−0.497***	−0.618***
	(−8.132)	(−4.356)	(−9.165)	(−3.610)	(−3.590)	(−3.448)
ur × humhg	0.723***	0.167***	0.700***	—	—	—
	(7.410)	(2.621)	(8.770)			
ur × rkinf	—	—	—	3.927***	2.010***	2.250***
				(10.837)	(8.490)	(7.342)
rkinf	0.965***	0.775***	0.225	—	—	—
	(5.670)	(6.988)	(1.617)			
humhg	—	—	—	0.017	−0.019	0.079
				(0.241)	(−0.409)	(1.292)
lnpfe	−0.109***	−0.111***	0.013	−0.075***	−0.107***	0.049**
	(−4.842)	(−7.536)	(0.708)	(−3.246)	(−7.150)	(2.513)
lnpie	−0.040**	−0.022**	−0.034**	−0.067***	−0.028**	−0.060***
	(−2.337)	(−2.005)	(−2.426)	(−3.994)	(−2.565)	(−4.223)
lnpfdi	0.004	0.001	0.015**	−0.003	0.000	0.009
	(0.427)	(0.274)	(2.208)	(−0.309)	(0.080)	(1.252)
hi	−0.059	−0.023	−0.071	−0.066	−0.057	−0.035
	(−0.434)	(−0.257)	(−0.642)	(−0.492)	(−0.651)	(−0.312)
_cons	2.426***	2.117***	1.514***	2.297***	2.264***	1.107***
	(8.849)	(11.853)	(6.752)	(8.270)	(12.475)	(4.714)
N	527	527	527	527	527	527
R^2	0.608	0.789	0.216	0.613	0.790	0.173
F	108.400	260.575	19.192	110.842	263.216	14.638

注：***、**分别表示回归系数在1%、5%水平上显著；括号内为系数检验的*t*值。

1. 城镇化结合人力资本高级化的交互项（*ur*×*humhg*）

观察表中的实证结果，可以发现：模型M1中，*ur*×*humhg*回归系数为0.723，且在1%水平上通过显著性检验，说明城镇化进程中，随着城镇化水平结合人力资本高级化程度的提高对全要素生产率产生了正向的交互效应，在一定程度上抵消城镇化水平对全要素生产率产生的消极影响。模型M2中，*ur*×*humhg*回归系数为0.167，且在1%水平上通过显著性检验，说明城镇化进程中，随着城镇化水平结合人力资本高级化程度的提高对技术效率产生了正向的交互效应，在一定程度上抵消城镇化水平对技术效率产生的消极影响。模型M3中，*ur*×*humhg*回归系数为0.700，且在1%水平上通过显著性检验，说明城镇化进程中，随着城镇化水平结合人力资本高级化程度的提高对技术进步产生了正向的交互效应，在一定程度上抵消城镇化水平对技术进步产生的消极影响。

对比模型M2—模型M3中*ur*×*humhg*回归系数得出：城镇化进程中，城镇化水平结合人力资本高级化程度的提高，显著有效地加强了人力资本对技术创新和技术扩散产生的作用效果，同时交互项对技术进步产生的交互效应显著强于技术效率的。因此，城镇化水平结合人力资本高级化的交互项更多通过促进技术进步提升的路径，来有效驱动全要素生产率增长。

2. 城镇化结合基础设施结构优化的交互项（*ur*×*rkinf*）

观察表中的实证结果，可以发现：模型M1中，*ur*×*rkinf*回归系数为3.927，且在1%水平上通过显著性检验；说明城镇化进程中，随着城镇化水平结合基础设施结构优化程度的提高对全要素生产率产生了正向的交互效应，在一定程度上抵消城镇化水平对全要素生产率产生的消极影响。模型M2中，*ur*× *rkinf*回归系数为2.010，且在1%水平上通过显著性检验，说明城镇化进程中，城镇化水平结合基础设施结构优化程度的提高对技术效率产生了正向的交互效应，在一定程度上抵消城镇化水平对技术效率产生的消极影响。模型M3中，*ur*×*rkinf*回归系数为2.250，且在1%水平上通过显著性检验，说明城镇化进程中，随着城镇化水平结合基础设施结构优化程度的提高对技术进步产生了正向的交互效应，在一定程度上抵消城镇化水平对技术进步产生的消极影响。

对比模型M2—模型M3中$ur \times rkinf$回归系数得出：交互项对技术效率产生的交互效应显著强于技术进步的，这说明在城镇化进程中，城镇化水平结合基础设施结构优化程度的提高，显著有效地提高了生产效率，促进了规模效率提升，加强了基础设施对技术效率产生的作用效果。因此，城镇化水平结合基础设施结构优化的交互项更多通过促进技术效率提升的路径，来有效驱动全要素生产率增长。

综上所述，通过构建城镇化结合驱动机制交互项模型进行实证分析，得出：城镇化进程中，人力资本高级化和基础设施结构优化驱动全要素生产率增长的具体路径和作用程度均不同。城镇化水平结合人力资本高级化的交互项对技术进步产生的交互效应显著强于技术效率的，即更多通过促进技术进步提升的路径，来有效驱动全要素生产率增长；相反，城镇化水平结合基础设施结构优化的交互项对技术效率产生的交互效应显著强于技术进步的，即更多通过促进技术效率提升的路径，来有效驱动全要素生产率增长。

5.5 本章小结

鉴于城镇化进程中，伴随地区的“软件”和“硬件”两个视角的变化，分别选取人力资本高级化和基础设施结构优化作为两个驱动机制，从总量层面构建城镇化水平与驱动机制共同影响全要素生产率及其分解项的面板回归模型，从固定效应和交互效应两种方法来实证分析城镇化结合驱动机制共同对全要素生产率影响的方向、路径和效应程度变动情况。首先测算出各省份2000—2016年人力资本高级化层次系数值，同时选取四个维度：交通基础设施、信息基础设施、科技基础设施和教育基础设施，具体采用Goldsmith的“永续盘存法”进行估算出基础设施存量占总物质资本存量的比值来衡量基础设施结构优化程度，并具体分析这两个量在城镇化进程中的动态变化及区域异质性。其次，构建固定效应模型来实证分析城镇化水平与驱动机制分别对全要素生产率、技术效率和技术进步产生的固定效应。最后，构建交互效应模型来实证分析城镇化水平分别结合驱动机制对全要素生产率、技术效率和技术进步产生的交互效应。本章具体研究结论如下：

一是，2000—2016年，随着城镇化水平的不断提高，人力资本高级化和基础设施结构优化的动态变化趋势均存在显著的区域异质性。区域异质性特征具体表现在：人力资本结构在东部、中部和西部地区均呈现出以初级人力资本向高级人力资本演进的特征，而且各地区高级化程度增长幅度也不断增加，东部地区人力资本高级化程度最高，但是中西部地区人力资本高级化程度上升的空间更大。基础设施结构优化程度在东部、中部和西部地区均呈现出与人力资本高级化不同的趋势；各地区的基础设施结构优化程度在2005—2010年得到大幅度提高，增长幅度最大的是东部地区，最低的是中部地区，西部地区居中，中国基础设施结构优化程度得到大幅提高，但是2010—2016年基础设施结构优化程度在东部地区增长显著放缓，而中部和西部显著下降，导致基础设施结构优化程度的大幅下降，是由中部和西部地区在四个维度上的资本存量比例显著下降所导致的。

二是，构建固定效应模型来实证分析城镇化水平同驱动机制共同影响全要素生产率、技术效率和技术进步的固定效应。研究发现：固定效应回归结果中，城镇化水平的回归系数均显著为负，即城镇化进程中，随着城镇化水平的提高对全要素生产率、技术效率和技术进步产生的正向促进效应均显著弱于负向抑制效应，在一定程度上导致了消极影响。各地区人力资本结构呈现出以初级人力资本向高级人力资本演进的显著特征，但是中国中等教育人力资本仍然占到全部人力资本的一半，而高等教育人力资本比例仍然比较低，因此，在全国样本下，人力资本高级化驱动全要素生产率增长的促进效应不够显著。但是，人力资本高级化程度的提高，有效加强了人力资本对技术创新和技术扩散产生的作用效果，从而有利于促进技术进步提升，进而驱动全要素生产率增长；由于人力资本高级化对技术效率的促进效应不够显著，导致了驱动全要素生产率增长的效应不够显著。城镇化进程中，基础设施结构优化程度的提高对技术效率产生的促进效应显著大于对技术进步的促进效应；因此基础设施结构优化程度的提高，既能有效地提升技术效率，又能有效地促进技术进步，进而有效地驱动全要素生产率的增长。考虑驱动机制的影响后，城镇化对全要素生产率的消极影响程度减弱，而如果忽略了驱动机制的促进作用，将会导致城镇化水平对全要素生产率、技术效率和技术进步消极影响程度的高估。

三是，构建交互效应模型来实证分析城镇化水平分别结合驱动机制对全要素生产率、技术效率和技术进步产生的交互效应。研究发现：城镇化水平结合人力资本高级化程度的提高，产生正向的交互效应，显著有效地促进了全要素生产率、技术效率和技术进步的提升；同时交互项对技术进步产生的交互效应显著强于技术效率的。城镇化水平结合基础设施结构优化程度的提高产生正向的交互效应，显著有效地促进了全要素生产率、技术效率和技术进步的提升；交互项对技术效率产生的交互效应显著强于技术进步的。因此，城镇化进程中，人力资本高级化和基础设施结构优化驱动全要素生产率增长的具体路径和作用程度均不同。城镇化水平结合人力资本高级化更多通过促进技术进步提升的路径，来有效驱动全要素生产率增长；相反，城镇化水平结合基础设施结构优化却更多通过促进技术效率提升的路径，来有效驱动全要素生产率增长。

综上所述，基于固定效应和交互效应的研究结论，从总量层面发现，城镇化水平结合驱动机制能够显著有效地对全要素生产率、技术效率和技术进步产生的正向促进效应。为了有效驱动全要素生产率增长，城镇化水平具体需要结合哪个层次的人力资本，具体如何调整基础设施投资结构才能有利于驱动全要素生产率增长。因此，下面两个章节，将分别探究异质型人力资本和异质型基础设施在城镇化中影响全要素生产率的方向、程度和路径。

06 第6章

城镇化进程中TFP增长驱动机制：异质型人力资本

第5章基于城镇化进程中从“软件”和“硬件”两个视角，选取人力资本高级化和基础设施结构优化作为两个驱动机制，从总量层面构建城镇化水平与驱动机制共同影响全要素生产率及其分解项的面板回归模型，得出城镇化水平结合人力资本高级化能够显著有效地对全要素生产率、技术效率和技术进步产生的正向促进效应。鉴于地区异质型人力资本不同的变动特征，城镇化水平分别结合异质型人力资本将对全要素生产率产生怎样的影响？本章节将从异质型人力资本层面，探究城镇化水平结合不同层次的人力资本对全要素生产率产生的方向、程度和路径。

6.1 引 言

如果经济增长能够有效地转向全要素生产率驱动，经济发展就需要更多依靠知识资本、人力资本和激励创新制度等无形要素，来实现要素的新组合（洪银兴，2013）。2000年以来，中国异质型人力资本呈现出怎样的变动趋势？一方面，在人口增长转变阶段，中国人力资本结构经历了巨大变化，人力资本结构呈现出以初级人力资本向高级人力资本演进的特征，变动趋势如图6.1所示。但是中国中等教育人力资本仍然占到全部人力资本的一半，而高等教育人力资本比例仍然比较低。另一方面，进一步观察与人力资本相对应的知识资本，R&D投入能够有效促进知识资本的累积，有助于增加创新型人力资本的储备，促使人力资本结构向高级化演进。从图6.1中可以看出，R&D投入经费呈现快速上升的趋势，经费总量从2000年的895.7亿元快速上升到2016年的10944.7亿元，增长了11.2倍，平均每年以16.9%的速度递增[①]。那么，城镇化进程中，基于对异质型人力资本变动特征的分析，异质型人力资本是否有利于驱动全要素生产率增长？城镇化水平分别结合异质型人力资本将对全要素生产率产生怎样的影响？为了回答以上问题，从结构层面上，构建城镇化水平和异质型人力资本的交互效应模型，分别检验城镇化水平结合不同层次人力资本共同对全要素生产率产生的交互效应，并探究影

① 数据来源于历年《中国统计年鉴》，经作者计算整理得出。

响全要素生产率的具体路径。同时，由于中国幅员辽阔，地区经济发展显著不平衡，不同省份之间既相互协作又相互竞争，且不同区域之间拥有迥异的要素禀赋，故而地区异质型人力资本对全要素生产率的影响效应也可能表现出空间相关性以及空间异质性特征。有鉴于此，还需要从空间相关性和空间异质性这两个角度来研究地区异质型人力资本对全要素生产率影响的空间特征，这将对全要素生产率驱动路径研究进行一定程度的拓展和完善。

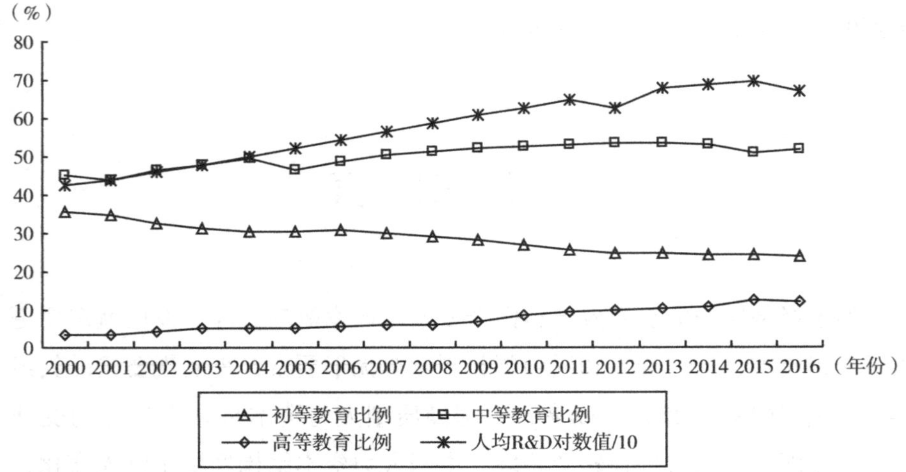

图6.1　2000—2016年异质型人力资本变动趋势

6.2　异质型人力资本的测算与空间异质性的动态分析

6.2.1　异质型人力资本的测算与描述性统计

针对人力资本具有的显著异质性特征，借鉴Caselli和Coleman（2006）分类方法，按照受教育程度，将异质型人力资本化为三个层次：初级人力资本（*hp*）、中级人力资本（*hs*）和高级人力资本（*hc*）。由于大部分省份的人力资本总水平普遍较低，同时考虑不同教育程度的受教育年限，故将初级人力资本设为从业人数中受小学教育程度所占比重乘以对应的受教育年限；中级人力资本设为从业人数中受教育程度为初中（中职）和高中（中专）分别所占比例乘以各自的受教育年限的和；高级人力资本设为从业人数中受教育程度为大专以上所占比例乘以对应的受教育年限，具体公式为：$hp_{it}=6p_{it}$；$hs_{it}=9j_{it}+12s_{it}$；$hc_{it}=16c_{it}$。

由于按照受教育程度划分不同层次的人力资本存在一些局限性，部分创新型人才所受教育年限远高于16年，不容易确定创新型人力资本的具体受教育年限，同时，创新人力资本是一个存量的概念。鉴于不同地区的R&D投入能够有效促进知识资本的创新和累积，由此R&D资本可以促进人力资本高级化程度，其变动趋势可以用于衡量创新型人力资本水平。为了避免创新人力资本与高级人力资本产生多重共线性问题，创新人力资本采用R&D资本的视角来衡量。

2000—2016年各省份的R&D资本亦采用Goldsmith的“永续盘存法”进行估算，具体公式为：$Krd_t=(1-\delta)\times Krd_{t-1}+Ird_t/Prd_t$。其中，$Krd_t$为当期的R&D资本存量；$Krd_{t-1}$为上一期的R&D资本存量；$Ird_t$为当期的R&D投入；$Prd_t$即以2000为基期的当期R&D资本价格指数，借鉴朱平芳（2003）和程惠芳、陆嘉俊（2014）的处理方法，即采用2000年为基期的历年固定资本投资和消费价格指数价格指数的加权平均值表示，两者权重分别设为0.45和0.55；δ为折旧率取值15%；2000年的R&D资本基期存量核算借鉴Hall和Mairesse（1995）的方法：$Krd_0=Ird_0/(\delta+g)$；g为各省市以2000年为基期核算的R&D投入经费实际值在2000—2016年的年均实际增长率。

考虑到不同地区R&D资本水平的差异，创新型人力资本具体采用人均R&D资本（*pkrd*）来衡量，即用各省份R&D资本（*Krd*）除以其总人口的值；为避免异方差过大问题，并对人均R&D资本求取对数，不影响变量的变化趋势；采用*hrd*来表示。

综上所述，选取2000—2016年省级面板数据，以上变量的原始数据均来源于历年《中国统计年鉴》、历年各省份统计年鉴和中经网数据库，异质型人力资本的描述性统计如表6.1所示。

表6.1　异质型人力资本的描述性统计

变量	样本值	最大值	最小值	均值	标准差
hp	527	2.824	0.538	1.720	0.449
hs	527	6.225	0.904	4.773	0.974
hc	527	6.799	0.115	1.301	0.924
hrd	527	10.48	3.622	6.666	1.400

6.2.2 异质型人力资本空间异质性的动态分析

鉴于中国经济发展存在着明显的空间非均衡性，为探究地区间异质型人力资本的空间异质性，将这些核心变量分三个年度段进行统计分析，来探究这些变量在东部、中部和西部地区呈现的空间异质性及动态变化趋势。异质型人力资本具体的空间异质性统计如表6.2所示。

表6.2　异质型人力资本的空间异质性统计分析

变量	2000—2005年均值			2005—2010年均值			2010—2016年均值		
	东部	中部	西部	东部	中部	西部	东部	中部	西部
hp	1.659	1.963	2.174	1.467	1.718	2.119	1.248	1.457	1.825
hs	5.110	4.724	3.650	5.333	5.122	4.020	5.459	5.416	4.319
hc	1.142	0.616	0.632	1.614	0.927	0.885	2.274	1.391	1.420
hrd	6.372	5.195	5.022	7.397	6.292	5.978	8.310	7.346	6.902

1. 初级人力资本（*hp*）

三个年度段的均值在西部地区最高，中部比西部地区均值稍微低一些，两者的均值显著高于东部地区；三个地区的均值均显著下降，东部地区均值下降幅度由11.6%上升为14.9%，中部地区均值下降幅度由12.5%上升为15.2%，西部地区均值下降幅度由2.5%上升为13.9%。

2. 中级人力资本（*hs*）

三个年度段的均值在西部地区最低；东部比中部地区均值稍微高一些，两者的均值显著高于西部地区；三个地区的均值均不同程度上升，东部地区均值上升幅度由4.4%降为2.4%，中部地区均值上升幅度由8.4%降为5.7%，西部地区均值上升幅度由10.1%降为7.4%。

3. 高级人力资本（*hc*）

三个年度段的均值在东部地区最高；中部地区比西部地区均值稍微高一些，两者的均值显著低于东部地区；三个地区的均值均显著上升，东部地区均值上升幅度由41.3%微降为40.9%，中部地区均值上升幅度由50.5%微降为50.1%，西部地区均值上升幅度由40.0%显著升到60.5%。

4. 创新型人力资本（*hrd*）

三个年度段中，东部地区水平创新型人力资本显著高于中部地区和西部地区，均值从6.372上升到8.310，增长幅度由16.1%降到12.3%；中部地区均值从5.195上升到7.346，增长幅度由21.1%降到16.8%；西部地区均值从5.022上升到6.902，增长幅度由19.0%降到15.5%。从数据变动中发现：创新型人力资本水平存在显著的空间异质性，中部比西部地区均值稍微高一些，西部地区的均值最低，两者的均值显著低于东部地区；同时三个地区的均值增长幅度均存在不同程度的下降。

综上所述，从四个层次人力资本的数据变动中得出：异质型人力资本存在显著的空间异质性，同时具有相同的动态变动；区域间初级人力资本均显著下降，中级人力资本上升幅度最小，而高级人力资本上升幅度最大；但是创新人力资本上升幅度显著低于高级人力资本。这说明在2000—2016年，随着人口增长进入转变阶段，中国人力资本结构呈现出以初级人力资本向高级人力资本演进的显著特征；但是以研发和创新为主的创新型人力资本增长速度慢于高级人力资本，说明中国人力资本结构从高级人力资本向创新型人力资本演进空间有待进一步扩大。

6.3 城镇化结合异质型人力资本对TFP产生的交互效应分析

6.3.1 交互效应模型设定

在城镇化进程中，城镇化水平结合人力资本高级化对全要素生产率产生正向的交互效应。那么，城镇化结合异质型人力资本将会对全要素生产率产生怎样的交互效应呢？具体的作用方向和程度如何？为此，构建城镇化水平和异质型人力资本的交互效应模型（6.1）—模型（6.4），分别检验城镇化水平结合不同层次人力资本共同对全要素生产率产生的交互效应；具体模型形式如下。

$$tfp_{it} = c + \beta_1 ur_{it} + \beta_2 ur_{it} \times hp_{it} + \beta_3 rkinf_{it} + \sum_m \gamma_m C_{it} + u_i + \varepsilon_{it} \tag{6.1}$$

$$tfp_{it} = c + \beta_1 ur_{it} + \beta_2 ur_{it} \times hs_{it} + \beta_3 rkinf_{it} + \sum_m \gamma_m C_{it} + u_i + \varepsilon_{it} \tag{6.2}$$

$$tfp_{it} = c + \beta_1 ur_{it} + \beta_2 ur_{it} \times hc_{it} + \beta_3 rkinf_{it} + \sum_m \gamma_m C_{it} + u_i + \varepsilon_{it} \tag{6.3}$$

$$tfp_{it} = c + \beta_1 ur_{it} + \beta_2 ur_{it} \times hrd_{it} + \beta_3 rkinf_{it} + \sum_m \gamma_m C_{it} + u_i + \varepsilon_{it} \tag{6.4}$$

以上模型中，c为常数项，下标i和t分别代表所选省市和年份；β_n为核心解释变量的估计系数；C_{it}代表不同的控制变量集，同前文一致；γ_m为第m个控制变量的估计系数；u_i代表不随时间变化的个体特征效应；ε_{it}表示与解释变量无关的随机扰动项；ur_{it}为城镇化率水平；$ur_{it} \times hp_{it}$为城镇化与初级人力资本的交互项；$ur_{it} \times hs_{it}$为城镇化与中级人力资本的交互项；$ur_{it} \times hc_{it}$为城镇化与高级人力资本的交互项；$ur_{it} \times hrd_{it}$为城镇化与创新型人力资本的交互项；$rkinf_{it}$为基础设施结构优化程度。

6.3.2 交互项影响TFP的实证结果分析

基于上文城镇化结合异质型人力资本的交互项模型的设定，通过F检验和Hausman检验表明模型存在显著的个体固定效应，故选取个体固定效应模型进行实证检验，并使用Stata14.0软件进行估计，具体回归结果如表6.3所示。

表6.3 城镇化水平结合异质型人力资本影响TFP的交互效应回归结果

变量	M1	M2	M3	M4
ur	−0.298 （−1.223）	−0.015 （−0.051）	−0.872*** （−4.226）	−3.229*** （−12.239）
ur × *hp*	−0.348*** （−4.926）	—	—	—
ur × *hs*	—	−0.143*** （−4.459）	—	—
ur × *hc*	—	—	0.183*** （9.675）	—
ur × *hrd*	—	—	—	0.304*** （13.383）
rkinf	1.219*** （7.182）	1.325*** （7.811）	0.966*** （5.951）	0.839*** （5.517）
lnpfe	−0.075*** （−3.369）	−0.035 （−1.629）	−0.107*** （−5.096）	−0.176*** （−8.340）
lnpie	−0.054*** （−3.084）	−0.056*** （−3.187）	−0.031* （−1.903）	−0.018 （−1.161）
lnpfdi	−0.000 （−0.009）	−0.000 （−0.053）	0.007 （0.847）	0.007 （0.994）
HI	0.064 （0.461）	−0.009 （−0.066）	−0.226* （−1.696）	−0.228* （−1.852）
_cons	2.057*** （7.525）	1.832*** （6.848）	2.670*** （9.991）	3.389*** （12.864）
N	527	527	527	527
R^2	0.585	0.581	0.634	0.681
F	98.355	96.921	121.078	149.103

注：***、*分别表示回归系数在1%、10%水平上显著；括号内为系数检验的*t*值。

对比模型M1—模型M4的拟合优度：城镇化结合异质型人力资本的交互效应模型拟合优度依次得到提高，说明城镇化结合高级人力资本和创新人力资本的交互效应模型能够更好地解释城镇化与全要素生产率的关系。同时，模型M3和模型M4中，*ur*回归系数的符号均为负；且在1%水平上通过显著性检验，交互效应模型的回归结果比较稳健。

1.城镇化结合初级人力资本的交互项（*ur×hp*）

观察表中的实证结果，模型M1中，*ur×hp*回归系数为−0.348，且在1%水平上通过显著性检验，说明城镇化进程中，城镇化水平结合初级人力资本的交互项，对全要素生产率产生了负向的交互效应。这说明：城镇化的进程中，结合初级人力资本水平的下降，反而能够显著有效地促进全要素生产率增长，这是因为随着城镇化水平不断提高，结合初级人力资本水平的下降，说明地区人力资本结构中初级人力资本所占比例不断下降，即人力资本高级化在一定程度上得到提高，起到有效驱动全要素生产率增长的作用。

2.城镇化结合中级人力资本的交互项（*ur×hs*）

观察表中的实证结果，模型M2中，*ur×hs*回归系数为−0.143，且在1%水平上通过显著性检验，说明城镇化进程中，城镇化水平结合中级人力资本的交互项，对全要素生产率产生了负向的交互效应。这说明：城镇化的进程中，结合中级人力资本水平的下降，反而能够显著有效地促进全要素生产率增长，这是因为随着城镇化水平不断提高，结合中级人力资本水平的下降，说明地区人力资本结构中，中级人力资本所占比例不断下降，促使人力资本结构向高级人力资本逐渐演化，起到有效驱动全要素生产率增长的作用。

3.城镇化结合高级人力资本的交互项（*ur×hc*）

观察表中的实证结果，模型M3中，*ur×hc*回归系数为0.183，且在1%水平上通过显著性检验，说明城镇化进程中，城镇化水平结合高级人力资本的交互项，对全要素生产率产生了正向的交互效应。这说明：城镇化的进程中，结合高级人力资本水平的提高，能够显著有效地驱动全要素生产率增长，这是因为随着城镇化水平不断提高，结合高级人力资本水平上升，说明地区人力资本结构中，高级人力资本所占比例不断提高，增强了人力资本结构高级化程度，通过人力资本高级化对全要素生产率影响的传导机制，进而驱动全要素生产率增长的作用，具体传导机制见第3章理论分析，不再赘述。

4.城镇化结合创新型人力资本的交互项（*ur×hrd*）

观察表中的实证结果，模型M3中，*ur×hrd*回归系数为0.304，且在1%水平上通过显著性检验，说明城镇化进程中，城镇化水平结合创新型人力资本的交互项，对全要素生产率产生了正向的交互效应。这说明：城镇化的进程中，结合创新型人力资本水平的提高，能够显著有效地驱动全要素生产率增长，这是因为随着城镇化水平不断提高，结合创新型人力资本水平上升，显著有效地加强人力资本对技术创新和技术扩散产生的作用效果，进而有效驱动全要素生产率增长的作用。

综上所述，对比分析四个交互项的回归系数可得出：城镇化进程中，城镇化水平结合异质型人力资本对全要素生产率产生交互效应的方向和程度均存在显著差异；城镇化水平分别结合高级人力资本和创新型人力资本对全要素生产率产生了显著正向的交互效应。因此，城镇化进程中，通过提升高级人力资本和创新型人力资本水平的路径，能够有效地驱动全要素生产率增长。

6.3.3　交互项影响技术效率和技术进步的实证结果分析

基于上文实证结果，城镇化水平结合高级人力资本和创新型人力资本的交互项，对全要素生产率产生正向的交互效应。为了进一步探究这两个交互项影响全要素生产率的具体路径，将技术效率和技术进步分别替代全要素生产率作为被解释变量来构建相应的模型，具体模型形式如下。

$$effch_{it}=c+\beta_1 ur_{it}+\beta_2 ur_{it}\times hc_{it}+\beta_3 rkinf_{it}+\sum\nolimits_m \gamma_m C_{it}+u_i+\varepsilon_{it} \tag{6.5}$$

$$effch_{it}=c+\beta_1 ur_{it}+\beta_2 ur_{it}\times hrd_{it}+\beta_3 rkinf_{it}+\sum\nolimits_m \gamma_m C_{it}+u_i+\varepsilon_{it} \tag{6.6}$$

$$tech_{it}=c+\beta_1 ur_{it}+\beta_2 ur_{it}\times hc_{it}+\beta_3 rkinf_{it}+\sum\nolimits_m \gamma_m C_{it}+u_i+\varepsilon_{it} \tag{6.7}$$

$$tech_{it}=c+\beta_1 ur_{it}+\beta_2 ur_{it}\times hrd_{it}+\beta_3 rkinf_{it}+\sum\nolimits_m \gamma_m C_{it}+u_i+\varepsilon_{it} \tag{6.8}$$

以上模型中，c为常数项，下标i和t分别代表所选省份和年份；β_n为核心解释变量的估计系数；C_{it}代表不同的控制变量集，同前文一致；γ_m为第m个控制变量的估计系数；u_i代表不随时间变化的个体特征效应；ε_{it}表示与解释变量无关的随机扰动项。

基于以上交互项模型的设定，通过F检验和Hausman检验表明模型存在显著的个体固定效应，故选择个体固定效应；并采用Stata14.0软件进行估计，具体回归结果如表6.4所示。

表6.4　　交互项影响技术效率和技术进步的交互效应回归结果

变量	M1	M2	M3	M4
	effch	*effch*	*tech*	*tech*
ur	−0.523*** （−3.793）	−1.225*** （−6.591）	−0.714*** （−4.171）	−2.732*** （−12.531）
ur × *hc*	0.050*** （3.944）	—	0.158*** （10.036）	—
ur × *hrd*	—	0.090*** （5.646）	—	0.260*** （13.869）
rkinf	0.761*** （7.015）	0.715*** （6.675）	0.262* （1.946）	0.155 （1.230）
lnpfe	−0.113*** （−8.040）	−0.135*** （−9.077）	0.022 （1.270）	−0.037** （−2.109）
lnpie	−0.019* （−1.730）	−0.014 （−1.318）	−0.029** （−2.104）	−0.017 （−1.361）
lnpfdi	0.003 （0.499）	0.003 （0.593）	0.017** （2.552）	0.017*** （2.831）
HI	−0.075 （−0.841）	−0.084 （−0.964）	−0.198* （−1.790）	−0.198* （−1.949）
_*cons*	2.213*** （12.387）	2.449*** （13.198）	1.650*** （7.443）	2.261*** （10.389）
N	527	527	527	527
R^2	0.792	0.799	0.247	0.348
F	266.364	277.243	22.937	37.357

注：***、**、*分别表示回归系数在1%、5%、10%水平上显著；括号内为系数检验的t值。

对比观察表6.4与表5.4中实证结果：城镇化结合高级人力资本和创新型人力资本的交互效应模型拟合优度比人力资本高级化总量层面上的交互效应模型要高，说明城镇化结合高级人力资本和创新人力资本的交互效应模型能够更好地解释交互项与技术效率和技术进步的关系。同时，模型M1—模型M4中，*ur*回归系数的符号均为负，且在1%水平上通过显著性检验，回归结果比较稳健。

1.城镇化结合高级人力资本的交互项（*ur*×*hc*）

观察表中的实证结果：模型M1和模型M3中，*ur*×*hc*回归系数分别为0.050和0.158，且在1%水平上通过显著性检验，说明城镇化进程中，城镇化水平结合高级人力资本的交互项，分别对技术效率和技术进步产生了正向的交互效应。这说明：城镇化的进程中，结合高级人力资本水平的提高，能够显著有效地提高技术效率和技术进步的水平，进而驱动全要素生产率增长。

对比模型M1和模型M3中*ur*×*hc*回归系数得出：*ur*×*hc*对技术进步产生的交互效应显著强于技术效率的。这说明，城镇化水平结合高级化人力资本更多通过促进技术进步提升的路径，来有效驱动全要素生产率增长。

2.城镇化结合创新型人力资本的交互项（*ur*×*hrd*）

观察表中的实证结果：模型M2和模型M4中，*ur*×*hrd*回归系数分别为0.090和0.260，且在1%水平上通过显著性检验；说明城镇化进程中，城镇化水平结合创新型人力资本的交互项，分别对技术效率和技术进步产生了正向的交互效应。这说明：城镇化的进程中，结合创新型人力资本水平的提高，能够显著有效地提高技术效率和技术进步的水平，进而驱动全要素生产率增长。

对比模型M2和模型M4中*ur*×*hrd*回归系数得出：*ur*×*hrd*对技术进步产生的交互效应显著强于技术效率的。这说明，城镇化水平结合创新型人力资本更多通过促进技术进步提升的路径，来有效驱动全要素生产率增长。

综上所述，城镇化进程中，城镇化结合高级人力资本和创新型人力资本驱动全要素生产率增长的具体路径相同。两个交互项既能促进技术效率提升，又能促进技术进步发展；两者均对技术进步产生的交互效应显著强于技术效率的；即城镇化结合高级人力资本和创新型人力资本更多通过促进技术进步提升的路径，来有效驱动全要素生产率增长。

6.4 异质型人力资本对TFP产生的空间溢出效应分析

基于上文交互效应的实证分析，城镇化进程中，城镇化水平分别结合高级人力资本和创新型人力资本对全要素生产率产生显著正向的交互效应；更多通过促进技术进步提升的路径，来有效驱动全要素生产率增长。但是，鉴于核心变量存在的空间异质性动态特征，这导致了城镇化水平同异质型人力资本共同对全要素生产率产生了显著地空间异质性效应。这同时反映出：核心变量在各区域内表现出相似值之间的空间集聚特征；且存在高值与高值以及低值与低值的空间集聚特征。因此，为了探究城镇化进程中，驱动全要素生产率增长的具体路径，需要将空间因素纳入模型中，具体分析高级人力资本和创新型人力资本对全要素生产率产生的空间溢出效应。

6.4.1 空间自相关性检验方法

基于Moran's I全局空间自相关检验，计算Moran's I指数前，需要构建各省区的空间权重矩阵W研究领域内空间权重矩阵大多采用基于邻接概念的矩阵。邻接空间矩阵W1的元素w_{ij}构造原则为：

$$w_{ij}=\begin{cases}1, & \text{当}i\text{省份和}j\text{省份相邻}\\ 0, & \text{当}i\text{省份和}j\text{省份不相邻}\end{cases} \tag{6.9}$$

Moran's I指数的计算公式：

$$I=\frac{\sum_{i=1}^{n}\sum_{j=1}^{n}w_{ij}(Y_i-\bar{Y})(Y_j-\bar{Y})}{S^2\sum_{i=1}^{n}\sum_{j=1}^{n}w_{ij}} \tag{6.10}$$

其中，$S^2=\frac{1}{n}\sum_{i=1}^{n}(Y_i-\bar{Y})^2$，$\bar{Y}=\frac{1}{n}\sum_{i=1}^{n}Y_i$，$Y_i$表示第$i$地区的观测值；$n$为地区数；$w_{ij}$为空间权重矩阵。其取值一般介于-1到1之间，大于0表示正自相

关，即高值与高值相邻、低值与低值相邻，表示在地理空间分布中相似的属性值趋向于集聚在一个区域；小于0表示负相关，即高值与低值相邻，表示不同的属性值趋向于集聚在一个区域；如果其接近于0，则表明空间分布是随机的，不存在空间自相关。

基于核心变量中全要素生产率、高级人力资本和创新型人力资本均受到地区经济发展水平显著的影响，因此，借鉴林光平等（2005）使用地区间人均GDP的差额作为测度地区间“经济距离”的指标，依据两个省份人均收入水平差距的倒数来设定。经济距离权重矩阵W2的元素w_{ij}构造原则为：

$$w_{ij}=\begin{cases}\dfrac{1}{|\overline{Y_i}-\overline{Y_j}|} & \text{当}i\neq j\\ 0 & \text{当}i=j\end{cases} \tag{6.11}$$

其中，$\overline{Y_i}$为地区i在样本期间的人均实际GDP平均值；当两省之间收入差距越小时，则两个省份的经济水平越接近，因而权重矩阵中会赋予较大权数；反之，则赋予较小权数。

考虑到“地理相邻”和“经济距离”两种因素的共同影响，引入经济空间权重W3=W1×W2。在对核心解释变量基于空间相关性和空间异质性实证分析中，分别采用三种空间权重矩阵进行对比分析。

6.4.2 核心变量的空间相关性动态分析

遵循该领域的研究传统，普遍使用邻接权重矩阵进行空间自相关性检验，而另外两种权重矩阵的自相关检验结果不再赘述。基于2000—2016年中国各省市全要素生产率、高级人力资本和创新型人力资本相关数据，使用Stata 14.0计算核心变量的莫兰指数（Moran'I）指数，具体结果如表6.5所示。

表6.5 核心变量的莫兰指数（Moran'I）指数

年份	*tfp*	*effch*	*tech*	*ur*	*hc*	*hrd*	*rkinf*
2001	−0.022	0.018	0.230**	0.254***	0.163**	0.094	−0.072
2002	0.248**	0.244***	0.257***	0.260***	0.138*	0.103	−0.071
2003	0.203**	0.177**	0.269***	0.296***	0.158**	0.114	−0.052
2004	0.168*	0.138	0.275***	0.303***	0.171**	0.129	−0.014

续表

年份	*tfp*	*effch*	*tech*	*ur*	*hc*	*hrd*	*rkinf*
2005	0.041	0.137	0.248**	0.290***	0.180**	0.143*	0.016
2006	0.155**	−0.036	0.258***	0.291***	0.145*	0.161*	0.050
2007	0.193**	−0.015	0.266***	0.295***	0.146*	0.177**	0.073
2008	0.209**	−0.003	0.272***	0.297***	0.145*	0.190**	0.093*
2009	0.229**	0.044	0.279***	0.305***	0.175**	0.202**	0.117**
2010	0.227**	0.060	0.285***	0.299***	0.168**	0.209**	0.157**
2011	0.221**	0.055	0.292***	0.291***	0.110	0.218**	0.177**
2012	0.202**	0.042	0.296***	0.283***	0.138*	0.235**	0.174**
2013	0.187**	0.040	0.299***	0.285***	0.152**	0.244***	0.173**
2014	0.201**	0.013	0.301***	0.285***	0.164**	0.252***	0.173**
2015	0.205**	0.023	0.291***	0.295***	0.156**	0.260***	0.193**
2016	0.213**	0.057	0.300***	0.300***	0.194**	0.274***	0.207**

注：***、**、*分别表示回归系数在1%、5%、10%水平上显著。

1.全要素生产率的空间自相关性动态变化特征

全要素生产率（*tfp*）和技术进步指数（*tech*）呈现出相似的空间自相关性动态变化趋势：样本期间内，两者的Moran'I 指数为正，随着时间的推移呈现逐渐增大的趋势，且分别在5%和1%水平上通过显著性检验；而技术效率指数（*effch*）的Moran'I 指数值非常低，未通过显著性检验。这表明中国全要素生产率和技术进步指数在空间分布上具有显著的正自相关关系，各区域表现出相似值之间的空间集聚特征，且其高值与高值以及低值与低值的空间集聚程度显著增强；技术进步较快的省份推动地区全要素生产率较快增长，并表现出相似值之间的空间集聚特征。

2.城镇化的空间自相关性动态变化特征

城镇化（*ur*）的Moran'I 指数为正，均1%水平上通过显著性检验，数值变动趋势存在上下波动的特征。长期来看，2016年*hc*的Moran'I 指数与2000年相比均得到一定程度的提高；这表明：城镇化在空间分布上具有显著的正自相关关系，表现出相似值之间的空间集聚特征，即呈现出高值与高值，以及低值与低值的空间集聚特征。

3. 异质型人力资本的空间自相关性动态变化特征

高级人力资本（*hc*）的Moran'I 指数为正，均通过显著性检验，数值变动趋势存在上下波动的特征。长期来看，2016年*hc*的Moran'I 指数与2000年相比均得到显著提高；这表明：高级人力资本在空间分布上具有显著的正自相关关系，表现出相似值之间的空间集聚特征，即呈现出高值与高值，以及低值与低值的空间集聚特征。

创新型人力资本（*hrd*）的Moran'I 指数为正，且随着时间的推移呈现逐渐增大的趋势，指数从0.094上升到0.274；从2005年开始其通过显著性检验，且显著性水平逐渐从10%提高到1%的水平。这表明：从2005年开始各地区的创新型人力资本在空间分布上具有显著的正自相关关系，各区域也表现出相似值之间的空间集聚特征，且呈现出高值与高值，以及低值与低值的空间集聚特征，而且正自相关程度显著提高。

4. 基础设施结构优化的空间自相关性动态变化特征

基础设施结构优化（*rkinf*）的Moran'I 指数先为负值后转为正值，且随着时间的推移呈现逐渐增大的趋势，从2008年开始通过显著性检验，且显著性水平逐渐从10%提高到5%的水平。这表明：从2008年开始各地区的基础设施结构优化程度在空间分布上呈现出显著的正自相关关系，各区域也表现出相似值之间的空间集聚特征，且呈现出高值与高值，以及低值与低值的空间集聚特征，而且正自相关程度显著增强。

6.4.3　基础模型设定

为了检验城镇化水平和异质型人力资本影响全要素生产率的方向和程度，先不考虑空间相关因素，构建普通面板的基础模型；进一步考虑影响全要素生产率的具体路径，并基于上文空间自相关的分析，构建基础模型检验城镇化水平和异质型人力资本影响技术进步的方向和程度，具体模型设定如下：

$$tfp_{it} = c + \beta_1 ur_{it} + \beta_2 hc_{it} + \beta_3 hrd_{it} + \beta_4 rkinf_{it} + \sum\nolimits_m \gamma_m C_{it} + u_i + \varepsilon_{it} \qquad (6.12)$$

$$tech_{it} = c + \beta_1 ur_{it} + \beta_2 hc_{it} + \beta_3 hrd_{it} + \beta_4 rkinf_{it} + \sum_m \gamma_m C_{it} + u_i + \varepsilon_{it} \tag{6.13}$$

模型中，下标i代表不同的省份；t代表不同的年份；β_n为第n个核心解释变量的估计系数；c为常数项；u_i代表不随时间变化的个体特征效应；ε_{it}表示与解释变量无关的随机扰动项；C_{it}代表不同的控制变量集，同前文一致；γ_m为第m个控制变量的估计系数；ur_{it}为城镇化率水平；hc_{it}和hrd_{it}分别表示高级人力资本、创新型人力资本；$rkinf_{it}$为基础设施结构优化程度。

6.4.4 空间模型设定

鉴于样本期间各省市核心变量显著的空间相关性特征，采用空间面板计量模型来检验城镇化水平与异质型人力资本影响全要素生产率和技术进步的空间相关性。空间面板计量模型可以理解为在普通面板回归模型中增加了空间矩阵，主要形式有：空间矩阵加权于被解释变量并作为一个新解释变量，即为空间面板滞后回归模型；空间矩阵加权于误差项即为空间面板误差回归模型；若同时加权于被解释变量和解释变量称为空间面板杜宾模型。基于上文对核心变量的空间相关性检验，如何选用空间计量模型类型，需要进行相应的空间计量检验，具体方法和检验结果如表6.6所示。故选取基于个体固定效应的空间杜宾面板回归模型，具体设定形式如下：

$$\begin{aligned} tfp_{it} = c + \rho\sum_{j=1}^{n} w_{ij} tfp_{jt} + \beta_1 ur_{it} + \beta_2 hc_{it} + \beta_3 hrd_{it} + \beta_4 rkinf_{it} + d_i' ur_{it}\delta_1 \\ + d_i' hc_{it}\delta_2 + d_i' hrd_{it}\delta_3 + d_i' rkinf_{it}\delta_4 + \sum_m \gamma_m C_{it} + u_i + \varepsilon_{it} \end{aligned} \tag{6.14}$$

$$\begin{aligned} tech_{it} = c + \rho\sum_{j=1}^{n} w_{ij} tech_{jt} + \beta_1 ur_{it} + \beta_2 hc_{it} + \beta_3 hrd_{it} + \beta_4 rkinf_{it} + d_i' ur_{it}\delta_1 \\ + d_i' hc_{it}\delta_2 + d_i' hrd_{it}\delta_3 + d_i' rkinf_{it}\delta_4 + \sum_m \gamma_m C_{it} + u_i + \varepsilon_{it} \end{aligned} \tag{6.15}$$

模型中，w_{ij}为空间权重矩阵；$\rho\sum_{j=1}^{n} w_{ij} tfp_{jt}$和$\rho\sum_{j=1}^{n} w_{ij} tech_{jt}$分别表示因变量$tfp$和$tech$的空间滞后项；$\rho$为空间滞后因变量自回归系数；$d_i'$为相应空间权重矩阵的第$i$行；$\delta_n$为第$n$个自变量空间回归系数向量；$C_{it}$代表不同的控制变量集，同前文一致；$\gamma_m$为第$m$个控制变量的估计系数。

表6.6 基于普通面板和空间杜宾面板模型的回归结果

变量	普通面板回归		邻接空间权重W1		经济距离权重W2		经济空间权重W3	
	M1-*tfp*	M2-*tech*	M3-*tfp*	M4-*tech*	M5-*tfp*	M6-*tech*	M7-*tfp*	M8-*tech*
ur	-1.273*** (-5.542)	-1.100*** (-5.774)	-1.350*** (-5.974)	-0.709*** (-3.960)	-0.897*** (-4.014)	-0.659*** (-3.696)	-0.906*** (-3.799)	-0.553*** (-2.953)
hc	0.102*** (6.228)	0.083*** (6.153)	0.058*** (3.172)	0.051*** (3.567)	0.085*** (4.340)	0.074*** (4.763)	0.124*** (6.609)	0.104*** (7.129)
hrd	0.127*** (4.760)	0.121*** (5.475)	0.135*** (4.892)	0.100*** (4.643)	0.042 (1.465)	0.037 (1.623)	0.084*** (3.040)	0.046** (2.132)
rkinf	1.014*** (6.132)	0.297** (2.165)	0.848*** (5.126)	0.031 (0.242)	0.574*** (3.352)	-0.221 (-1.616)	0.380* (1.854)	-0.653*** (-3.914)
lnpfe	-0.179*** (-6.489)	-0.046** (-1.995)	-0.114*** (-4.101)	-0.037* (-1.741)	-0.135*** (-3.941)	-0.078*** (-2.970)	-0.174*** (-4.492)	-0.121*** (-4.062)
lnpie	-0.046*** (-2.747)	-0.042*** (-3.047)	-0.070*** (-4.371)	-0.041*** (-3.198)	-0.064*** (-3.872)	-0.062*** (-4.734)	-0.074*** (-4.451)	-0.078*** (-5.973)
lnpfdi	-0.001 (-0.087)	0.010 (1.504)	-0.009 (-1.263)	0.003 (0.428)	-0.017** (-2.143)	-0.006 (-0.890)	-0.013* (-1.651)	-0.006 (-0.996)
HI	-0.249* (-1.803)	-0.224* (-1.960)	-0.492*** (-3.825)	-0.220** (-2.158)	-0.183 (-1.372)	-0.260** (-2.442)	-0.248* (-1.808)	-0.273** (-2.549)
w × *ur*	—	—	1.604*** (3.950)	0.273 (0.864)	-1.216** (-2.226)	-0.582 (-1.317)	0.744 (1.174)	1.565*** (3.151)
w × *hc*	—	—	0.091*** (3.269)	0.021 (0.974)	-0.002 (-0.057)	-0.066** (-2.399)	-0.081** (-2.199)	-0.112*** (-3.911)
w × *hrd*	—	—	-0.128*** (-3.767)	-0.025 (-0.927)	0.161*** (3.134)	0.191*** (4.594)	0.058 (1.044)	0.085** (1.971)
w × *rkinf*	—	—	1.522*** (5.507)	0.678*** (3.255)	0.954*** (3.210)	0.687*** (3.011)	1.216*** (3.044)	1.955*** (6.596)
ρ	—	—	0.298*** (5.127)	0.531*** (11.240)	0.225*** (3.036)	0.322*** (5.134)	0.267** (2.316)	0.223** (2.210)
F检验	24.90***	28.42***	—	—	—	—	—	—
Hausman	180.92***	270.90***	—	—	—	—	—	—
R^2	0.620	0.220	0.654	0.216	0.642	0.291	0.634	0.327
Wald (SAR test)	—	—	71.70***	22.59***	34.18***	66.23***	33.08***	118.29***
Wald (SEM test)	—	—	79.64***	27.16***	44.98***	53.57***	20.39***	65.31***
N	527	527	527	527	527	527	527	527

注：***、**、*分别表示回归系数在1%、5%、10%水平上显著；括号内为系数检验的*t*值。

6.4.5 实证结果分析

基于表6.6中的回归结果，首先，观察普通面板回归模型的检验：（1）通过F检验得出：应拒绝模型不存在任何个体效应的原假设，即接受模型存在个体效应；（2）通过Hausman检验得出：应选取个体固定效应模型，拒绝随机效应模型；因此，普通面板回归模型应采用个体固定效应来进行估计。其次，空间面板回归模型也应采用个体固定效应的形式，（1）从拟合优度来看，空间面板回归R^2值均高于对应的普通面板回归模型，故空间权重W2和W3下的空间面板回归模型均优越于普通面板回归模型（骆永民和樊丽明，2012）；（2）通过Wald检验选用SDM还是SAR模型，原假设H0：不适用于SDM模型；模型M3—模型M6的检验结果均在1%的显著水平上拒绝了原假设，故应选择SDM模型；通过Wald检验选用SDM还是SEM模型，原假设H0：不适用于SDM模型；模型M3—模型M6的检验结果也均在1%的显著水平上拒绝了原假设，故应选择SDM模型；因此，最终选取空间杜宾面板回归模型（SDM）进行检验。最后，基于不同空间权重下分别进行估计，实证结果采用Stata14.0得出。

观察表6.6中结果，首先，对比不同空间权重下的空间杜宾面板回归结果，空间自相关系数ρ均为正，且在1%水平上通过显著性检验，这说明中国全要素生产率和技术进步增长过程中存在显著的空间依赖性，即一个地区的全要素生产率和技术进步在一定程度上受相邻且具有相似的空间特征地区全要素生产率和技术进步发展的影响。其次，对比普通面板回归和不同空间权重下的空间杜宾面板回归结果，后者的R^2值分别高于M1和M2的R^2值0.620和0.220，这说明在考虑各省份之间的空间因素后，采用空间面板计量模型可以更好提高回归模型的拟合程度。最后，对比不同空间权重下的空间杜宾面板回归结果，只考虑经济因素的空间权重又会忽略地理学定律，即距离越近的省份联系越密切的规律；因此，经济空间权重模型既考虑经济因素又考虑地理空间因素，更好地拟合中国地区和经济的综合性差异特征。下文主要基于经济空间权重W3下的空间杜宾面板回归结果进行分析。

鉴于空间面板模型中将滞后因子纳入回归分析中，解释变量的估计系数不能直接反映解释变量对被解释变量的影响程度，但是可以反映一些影响信息。同时，解释变量存在空间溢出效应，不再适于单独解释对被解释变量的影响，故将空间总效应进行分解，以便更好地分析核心解释变量对被解释变量的影响（见表6.7）。故综合表6.6和表6.7的估计结果，具体分析异质型人力资本影响全要素生产率和技术进步的方向、程度以及空间效应。

表6.7 空间杜宾面板回归模型的直接效应、间接效应和总效应

核心解释变量	经济空间权重W3：M7-*tfp*			经济空间权重W3：M8-*tech*		
	直接效应	间接效应	总效应	直接效应	间接效应	总效应
ur	-0.878*** （-3.609）	0.724 （0.857）	-0.155 （-0.177）	-0.498*** （-2.593）	1.861*** （2.790）	1.363** （1.963）
hc	0.121*** （6.847）	-0.062 （-1.347）	0.059 （1.306）	0.101*** （7.299）	-0.110*** （-3.240）	-0.009 （-0.266）
hrd	0.089*** （3.296）	0.107 （1.237）	0.196** （2.121）	0.051** （2.425）	0.116** （2.085）	0.167*** （2.874）
rkinf	0.426** （2.166）	1.794*** （3.457）	2.220*** （4.577）	-0.594*** （-3.709）	2.295*** （5.753）	1.702*** （4.682）

注：***、**分别表示回归系数在1%、5%水平上显著；括号内为系数检验的t值。

1.城镇化对全要素生产率和技术进步的影响

不考虑空间因素的固定效应：模型M1和模型M2中，*ur*回归系数分别为-1.273和-1.100，且在1%水平上通过显著性检验，这说明：城镇化水平对全要素生产率和技术进步均产生消极影响，与前文结果一致。考虑空间因素后，模型M3—模型M8中，*ur*回归系数分别为负，且通过显著性检验，这说明：城镇化水平对全要素生产率和技术进步均产生消极影响，检验结果比较稳健。

经济空间权重下的直接效应：*ur*对本地区内全要素生产率的影响系数为-0.878，且均在1%水平上通过显著性检验，这说明城镇化水平对地区全要素生产率产生显著的消极影响；通过对比模型M1中的系数得出，不考虑空间溢出效应将会高估城镇化水平对本地区内全要素生产率的影响程度。*ur*对本地区内技术进步的影响系数为-0.498，且均在1%水平上通过显著性检验，这说明城镇化水平对地区技术进步产生消极影响；通过对比模型M2中的系

数得出，不考虑空间溢出效应将会高估城镇化水平对本地区技术进步的影响程度。这是因为：随着城镇化水平的提高对本地区全要素生产率和技术进步产生的正向促进效应均显著弱于负向抑制效应，因此产生显著的消极影响，同第4章分析，不再赘述。

经济空间权重下的间接效应：*ur*对周边地区内全要素生产率的影响系数为0.724；对周边地区内技术进步的影响系数为1.861；前者未通过显著检验，后者在1%水平上通过显著性检验，这说明城镇化水平对周边地区全要素生产率影响程度并不显著；而其对周边地区技术进步的促进效应很显著，即存在正向的空间溢出效应。这是因为，中国传统的城镇化模式已不可持续，新型城镇化战略以人为本、创新驱动和可持续发展的模式，通过生产要素空间集聚，利用地区间的在经济和地理两方面的优势，加强协调发展，互相促进，能够促使城镇化产生的正向促进效应通过空间溢出效应，来加强地区间技术创新和技术扩散，从而有利于促进周边地区技术进步。即随着本地区城镇化水平的提高，但是鉴于逐渐收敛的技术效率的影响，导致对周边地区全要素生产率产生的效果还未显著。

2.高级人力资本对全要素生产率和技术进步的影响

不考虑空间因素的固定效应：模型M1和模型M2中，*hc*回归系数分别为0.102和0.083，均在1%水平上通过显著性检验，这说明高级人力资本对全要素生产率和技术进步均产生显著的正向促进作用，即随着地区高级人力资本水平的上升，能够通过促进技术进步来有效地驱动全要素生产率增长。考虑空间因素后，模型M3—模型M8中，*her*回归系数均为正，且通过显著性检验，这说明：地区内随着高级人力资本水平的上升，能够通过促进技术进步来有效地驱动全要素生产率增长，检验结果比较稳健。

经济空间权重下的直接效应：*hc*对本地区全要素生产率的影响系数为0.121，对本地区技术进步的影响系数为0.101；两者均在1%水平上通过显著性检验，这说明高级人力资本对本地技术进步产生了促进效应，进而有利于驱动本地区全要素生产率增长。通过对比模型M1和模型M2中的系数得出，是否考虑空间溢出效应，对高级人力资本影响本地区技术进步程度的差别不大。

经济空间权重下的间接效应：*hc*对周边地区内全要素生产率的影响系数为–0.062，未通过显著性检验，对周边地区内技术进步的影响系数为–0.110，且在1%水平上通过显著性检验，这说明高级人力资本对周边地区内全要素生产率的影响不确定，而对周边地区内技术进步产生了显著的消极影响，即存在负向的空间溢出效应。这是因为：鉴于中国各地区高级人力资本水平相对较低现状，各地区都积极主动地扩大高等人才的储备，这导致地区间对高级人力资本的争夺中产生显著的空间虹吸效应，因此，即随着本地区不断吸纳周边地区高等人才，这将导致周边地区高级人力资本水平下降，于是地区高级人力资本水平的提高对周边地区的技术进步产生了显著的消极影响。

3. 创新型人力资本对全要素生产率和技术进步的影响

不考虑空间因素的固定效应：模型M1和模型M2中，*hrd*回归系数分别为0.127和0.121，均在1%水平上通过显著性检验，这说明创新型人力资本对全要素生产率和技术进步均产生显著的正向促进作用，即随着地区创新型人力资本水平的上升，能够通过促进技术进步来有效地驱动全要素生产率增长。考虑空间因素后，模型M3—模型M8中，*hrd*回归系数均为正，这说明：地区内随着创新型人力资本水平的上升，能够通过促进技术进步来有效地驱动全要素生产率增长，检验结果比较稳健。

经济空间权重下的直接效应：*hrd*对本地区全要素生产率的影响系数为0.089，对本地区技术进步的影响系数为0.051；两者分别在1%和5%水平上通过显著性检验，这说明创新型人力资本对本地技术进步产生了显著的促进效应，进而有利于驱动本地区全要素生产率增长。通过对比模型M1和模型M2中的系数得出，不考虑空间溢出效应将会显著高估创新型人力资本对本地区全要素生产率和技术进步的促进程度。

经济空间权重下的间接效应：*hrd*对周边地区内全要素生产率的影响系数为0.107，未通过显著性检验，对周边地区内技术进步的影响系数为0.116，且在5%水平上通过显著性检验，这说明创新型人力资本对周边地区内全要素生产率产生了促进效应，但不显著，而对周边地区内技术进步产生了显著的促进效应，即存在正向的空间溢出效应。这是因为：随着周边地区创新型人力资本水平的提高，创新资本快速积累，形成知识外溢，促进创新技术在相邻省份间的扩散，进而产生显著的空间溢出效应。因此，推进新型城镇化的进程中，地区间加强创新驱动方面的合作，协同发展，更有利于地区技术进步。

4.基础设施结构优化对全要素生产率和技术进步的影响

构建空间面板模型来检验异质型人力资本对全要素生产率影响时，将基础设施结构优化作为控制变量加入空间面板模型，进而分析基础设施结构优化所产生的空间溢出效应。

不考虑空间因素的固定效应：模型M1和模型M2中，*rkinf*回归系数分别为1.014和0.297，均在1%和5%水平上通过显著性检验，这说明基础设施结构优化程度对全要素生产率和技术进步均产生显著的正促进效应，即随着各地区基础设施结构的不断优化，能够通过促进技术进步来有效地驱动全要素生产率增长。考虑空间因素后，模型M3、模型M5和模型M7中，*rkinf*回归系数均为正，这说明：地区内随着基础设施结构的不断优化，能够通过驱动全要素生产率增长。下文将空间总效应分解后再进行具体分析。

经济空间权重下的直接效应：*rkinf*对本地区全要素生产率的影响系数为0.426，对本地区技术进步的影响系数为–0.594；两者均通过显著性检验，这说明随着基础设施结构的不断优化对本地全要素生产率产生了显著的促进效应，而对技术进步产生消极影响。通过对比模型M1和模型M2中的回归系数得出，不考虑空间溢出效应将会显著高估基础设施结构优化对本地区全要素生产率和技术进步的影响程度。这是因为：随着基础设施结构的不断优化，更多通过促进技术效率提高来驱动全要素生产率增长，同第5章总量分析结果一致。

经济空间权重下的间接效应：*rkinf*对周边地区内全要素生产率的影响系数为1.794，对周边地区内技术进步的影响系数为2.295，两者均在1%水平上通过显著性检验，这说明基础设施结构的不断优化对周边地区内全要素生产率和技术进步产生了显著的促进效应，即存在正向的空间溢出效应。这是因为：由于地区间基础设施具有显著的网络属性，随着基础设施结构优化程度水平的提高，可以提高周边地区生产要素的流通效率，进而促进新技术在周边地区的扩散，产生显著的正向空间溢出效应，有利于促进周边地区的技术进步，从而驱动全要素生产率增长。

综上所述，基于核心变量的空间相关性动态变化特征，城镇化水平结合异质型人力资本对全要素生产率和技术进步产生了差异性的空间溢出效应。不考虑空间因素，将会高估城镇化水平对本地区全要素生产率和技术进步产生的消极影响程度；间接效应中，城镇化水平对周边地区全要素生产率影响程度并不显著，而其对周边地区技术进步的促进效应很显著，即存在正向的空间溢出效应。考虑空间因素后，高级人力资本对本地技术进步产生了促进效应，进而有利于驱动本地区全要素生产率增长；间接效应中，高级人力资本对周边地区内全要素生产率产生了消极影响，但不显著，而对周边地区内技术进步产生了显著的消极影响，即存在负向的空间溢出效应。考虑空间因素后，创新型人力资本对本地区全要素生产率和技术进步的促进程度减弱；间接效应中，创新型人力资本对周边地区内全要素生产率产生了促进效应，但不显著，而对周边地区内技术进步产生了显著的促进效应，即存在正向的空间溢出效应。不考虑空间溢出效应将会显著高估基础设施结构优化对本地区全要素生产率和技术进步的影响程度；间接效应中，基础设施结构的不断优化对周边地区内全要素生产率和技术进步产生了显著的促进效应；即存在正向的空间溢出效应。

6.5　异质型人力资本影响TFP的空间异质性分析

6.5.1　面板门槛回归模型设定

鉴于核心变量存在显著的空间异质性，构建门槛面板回归模型，探究高级人力资本和创新型人力资本对全要素生产率影响的空间异质性。本书在公式（6.12）和公式（6.13）的基础上，将异质型人力资本分别设为门槛变量，并以其为核心解释变量，系统检验在异质型人力资本发展的不同区间内对全要素生产率影响的门槛效应。

首先，为了确定门槛值及门槛个数，本书运用Bootstrap自助抽样法模拟似然比统计量2000次，估计出门槛值及相关统计量，具体检验结果如表6.8所示。结果发现：在选定的观察期内，被解释变量分别为全要素生产率（*tfp*）和技术进步（*tech*）时，当选取高级人力资本（*hc*）作为门槛变量，核心变量高级人力资本（*hc*）的F统计量分别在5%和1%水平上通过双门槛显著性检验，但是其均未通过三门槛检验，这说明在高级人力资本不同区间内对全要素生产率（*tfp*）和技术进步（*tech*）的固定效应发生显著变化，且存在显著的双门槛效应。当选取创新型人力资本（*hrd*）作为门槛变量，核心变量创新型人力资本（*hrd*）的F统计量分别在1%和5%水平上通过单一门槛显著性检验，但是其均未通过双门槛检验，这说明在创新型人力资本不同区间内对全要素生产率（*tfp*）和技术进步（*tech*）的固定效应发生显著变化，且存在显著的单一门槛效应。

再次，需要进一步估计单一门槛或双门槛模型中核心解释变量的估计系数，来研究具体固定效应变化的方向和程度。现将被解释变量分别设为全要素生产率（*tfp*）和技术进步（*tech*），选取变量*hc*和*hrd*设为门槛变量和核心变量的门槛模型，具体形式如下所示。

$$\begin{aligned} tfp_{it} &= c + \beta_1 ur_{it} + \beta_2 hrd_{it} + \beta_3 rkinf_{it} + \sum\nolimits_m \gamma_m C_{it} + \\ &\phi_1 hc_{it} I(hc_{it} \leqslant q_1) + \phi_2 hc_{it} I(q_1 < hc_{it} \leqslant q_2) + \phi_3 hc_{it} I(hc_{it} > q_2) + \varepsilon_{it} \end{aligned} \tag{6.16}$$

$$\begin{aligned} tech_{it} &= c + \beta_1 ur_{it} + \beta_2 hrd_{it} + \beta_3 rkinf_{it} + \sum\nolimits_m \gamma_m C_{it} + \\ &\phi_1 hc_{it} I(hc_{it} \leqslant q_1) + \phi_2 hc_{it} I(q_1 < hc_{it} \leqslant q_2) + \phi_3 hc_{it} I(hc_{it} > q_2) + \varepsilon_{it} \end{aligned} \tag{6.17}$$

$$\begin{aligned} tfp_{it} &= c + \beta_1 ur_{it} + \beta_2 hc_{it} + \beta_3 rkinf_{it} + \sum\nolimits_m \gamma_m C_{it} + \\ &\phi_1 hrd_{it} I(hrd_{it} \leqslant q) + \phi_2 hrd_{it} I(hrd_{it} > q) + \varepsilon_{it} \end{aligned} \tag{6.18}$$

$$\begin{aligned} tech_{it} &= c + \beta_1 ur_{it} + \beta_2 hc_{it} + \beta_3 rkinf_{it} + \sum\nolimits_m \gamma_m C_{it} + \\ &\phi_1 hrd_{it} I(hrd_{it} \leqslant q) + \phi_2 hrd_{it} I(hrd_{it} > q) + \varepsilon_{it} \end{aligned} \tag{6.19}$$

公式中，*hc*和*hrd*为门槛变量；$I(\cdot)$为指标函数，括号内条件成立时取值为1，不成立时取值为0；φ_1、φ_2和φ_3分别为核心解释*hc*和*hrd*在门槛值q不同区间下的估计系数；C_{it}代表不同的控制变量集，同前文一致；γ_m为第m个控制变量的估计系数；β_n为第n个核心解释变量的估计系数；ε_{it}表示与解释变量无关的随机扰动项。

表6.8 基于异质型人力资本的门槛效应检验

被解释变量	门槛检验	门槛值	*F*值	*P*值	10%临界值	5%临界值	1%临界值
高级人力资本*hc*门槛检验结果							
tfp	单一门槛检验	2.415***	100.33	0.000	25.878	30.388	46.252
	双重门槛检验	0.426**	29.19	0.029	21.743	25.720	35.191
	三门槛检验	0.253	26.66	0.304	46.559	55.47	77.149
tech	单一门槛检验	2.415***	63.98	0.004	29.590	35.095	48.718
	双重门槛检验	0.426***	48.41	0.003	21.016	25.364	34.836
	三门槛检验	0.792	34.52	0.528	72.426	86.057	119.265
创新型人力资本*hrd*门槛检验结果							
tfp	单一门槛检验	8.969***	108.13	0.001	30.292	36.885	52.196
	双重门槛检验	8.394	24.35	0.234	111.507	144.289	201.184
tech	单一门槛检验	8.969**	47.54	0.020	31.281	38.938	55.391
	双重门槛检验	8.205	13.82	0.356	56.156	77.526	112.003

注：***、**分别表示回归系数在1%、5%水平上显著，*P*值和临界值均为采用Bootstrap自助法重复抽样2000次得到的结果。

6.5.2 异质型人力资本影响TFP的门槛效应分析

根据表6.8的门槛效应检验结果，在选定的观察期内根据门槛变量的具体门槛值q划分成不同区间；然后，对面板门槛模型进行估计，重点分析在门槛值q不同区间内，异质型人力资本对全要素生产率和技术进步影响变化的方向和程度；使用Stata 14.0，得出不同门槛区间内的回归结果，具体如表6.9所示。

表6.9 异质型人力资本影响TFP的门槛效应回归结果

解释变量	门槛变量：高级人力资本（*hc*）		门槛变量：创新型人力资本（*hrd*）	
	M1-*tfp*	M2-*tech*	M3-*tfp*	M4-*tech*
ur	−1.104*** （−5.30）	−0.974*** （−5.56）	−1.062*** （−5.06）	−0.977*** （−5.33）
hc	—	—	0.058*** （3.73）	0.058*** （4.28）

续表

解释变量	门槛变量：高级人力资本（*hc*）		门槛变量：创新型人力资本（*hrd*）	
	M1-*tfp*	M2-*tech*	M3-*tfp*	M4-*tech*
hrd	0.123*** （5.09）	0.117*** （5.74）	—	—
rkinf	1.013*** （6.75）	0.320** （2.54）	0.833*** （5.50）	0.192 （1.45）
lnpfe	−0.174*** （−6.94）	−0.046** （−2.19）	−0.171*** （−6.82）	−0.041* （−1.88）
lnpie	−0.024 （−1.53）	−0.022* （−1.73）	−0.032** （−2.06）	−0.034** （−2.54）
lnpfdi	0.010 （1.29）	0.020*** （3.16）	0.005 （0.69）	0.014** （2.09）
HI	−0.231* （−1.84）	−0.186* （−1.76）	−0.404*** （−3.19）	−0.314*** （−2.85）
区间1	0.316*** （4.41）	0.369*** （6.12）	0.108*** （4.44）	0.110*** （5.18）
区间2	−0.006 （−0.30）	0.011 （0.73）	0.143*** （5.87）	0.130*** （6.14）
区间3	0.093*** （6.27）	0.076*** （6.12）	—	—
_cons	2.548*** （9.75）	1.534*** （6.98）	3.048*** （11.71）	1.932*** （8.51）
N	527	527	527	527
R^2	0.691	0.346	0.687	0.287
F	108.57	25.66	118.60	21.73

注：***、**、*分别表示回归系数在1%、5%、10%水平上显著；括号内为系数检验的*t*值。

对比观察表6.9和表6.6中的普通面板回归结果，得出：无论采用固定效应模型还是门槛模型，核心解释变量的显著性和回归系数的符号基本一致，可见两种回归结果是比较稳健的；门槛模型分别在1%和5%水平上通过了总体显著性检验，证明了异质型人力资本对全要素生产率和技术进步产生的影响存在显著的门槛效应；对比固定效应模型和门槛模型拟合优度可见，门槛模型的拟合优度明显提高，说明门槛模型能够更好地解释城镇化进程中异质型人力资本与全要素生产率和技术进步之间的关系；如果只采用固定效应模型，那么，将会忽略异质型人力资本在不同水平区间下对全要素生产率和技术进步影响的方向和程度上的变化，因此，基于门槛模型的估计结果重点分析城镇化进程中高级人力资本和创新型人力资本对全要素生产率影响的非线性影响。

1. 高级人力资本对全要素生产率和技术进步影响的门槛效应

模型M1和模型M2中，高级人力资本对全要素生产率和技术进步的影响存在显著的双门槛效应。根据高级人力资本水平的高低，将整个样本划分为三个门槛区间，当高级人力资本水平处于不同的门槛区间时，地区高级人力资本对全要素生产率和技术进步产生影响的回归系数显著不同，即随着城镇化进程地区高级人力资本对全要素生产率和技术进步产生的固定效应发生显著变化，即存在非线性影响。研究发现：当$hc \leqslant 0.426$时，hc回归系数分别为0.316和0.369，且在1%水平上通过显著性检验，表明城镇化进程中，当高级人力资本hc位于区间1时，随着高级人力资本水平的提高对全要素生产率和技术进步产生显著的正向促进效应；当$0.426<hc<2.415$时，hc回归系数分别为-0.006和0.011，均未通过显著性检验，表明城镇化进程中，当高级人力资本hc位于区间2时，随着地区高级人力资本水平的提高对全要素生产率和技术进步产生的影响不确定；当$hc>2.415$，hc回归系数分别为0.093和0.076，且在1%水平上通过显著性检验，表明城镇化进程中，当高级人力资本hc位于区间3时，随着地区高级人力资本水平的提高对全要素生产率和技术进步产生显著的正向促进效应。

对比不同门槛区间内高级人力资本的回归系数，得出：高级人力资本水平较低时，对全要素生产率和技术进步产生的边际效应较高，这表明地区人力资本结构从初级人力资本向高级人力资本不断演进的过程中，初期高级人力资本水平的提高对全要素生产率和技术进步产生的促进程度较高，而随着高级人力资本跨过第一门槛值后，对全要素生产率和技术进步产生的影响效果不确定了；高级人力资本对技术创新和技术扩散的效果并不显著，没有起到显著的促进作用，而当高级人力资本水平跨过第二个门槛值之后，才能对全要素生产率和技术进步产生的显著的促进效应。但是其所产生的促进效应分别小于表6.6中普通回归模型M1和模型M2中，*hc*回归系数0.102和0.083，即不考虑门槛效应将会高估高级人力资本对全要素生产率和技术进步产生的影响程度，同时也忽略了地区间高级人力资本的空间异质性所产生的影响程度的差异化。

2.创新型人力资本对全要素生产率和技术进步影响的门槛效应

模型M3和模型M4中，创新型人力资本对全要素生产率和技术进步的影响存在显著的单一门槛效应。根据创新型人力资本水平的高低，将整个样本划分为两个门槛区间，当创新型人力资本水平处于不同的门槛区间时，创新型人力资本对全要素生产率和技术进步产生影响的回归系数显著不同，即随着城镇化进程创新型人力资本对全要素生产率和技术进步产生的固定效应发生显著变化，即存在非线性影响。研究发现：当$hrd \leqslant 8.969$时，*hrd*回归系数分别为0.108和0.110，且在1%水平上通过显著性检验，表明城镇化进程中，当创新型人力资本*hrd*位于区间1时，随着创新型人力资本水平的提高对全要素生产率和技术进步产生显著的正向促进效应；当$hrd>8.969$，*hc*回归系数分别为0.143和0.130，且在1%水平上通过显著性检验，表明城镇化进程中，当创新型人力资本*hrd*位于区间2时，随着创新型人力资本水平的提高对全要素生产率和技术进步产生显著的正向促进效应。

对比不同门槛区间内高级人力资本的回归系数，得出：创新型人力资本水平较低时，对全要素生产率和技术进步产生的促进效应较低；而随着创新型人力资本跨过第一门槛值后，对全要素生产率和技术进步产生的促进效应进一步增强；固定效应增长幅度分别为：32.4%和18.2%。对比表6.6中普通回归模型M1和模型M2中，*hrd*回归系数0.127和0.121，发现不考虑门槛效应将会忽略地区间创新型人力资本的空间异质性所产生影响程度的差异化。

综上所述，对比分析异质型人力资本对全要素生产率和技术进步产生的门槛效应，得出：异质型人力资本对两者产生的门槛效应的方向和程度变化以及显著性，这些方面均趋于一致，这说明异质型人力资本更多通过影响技术进步来驱动全要素生产率增长，这与前文异质型人力资本影响全要素生产率的路径分析结果一致。

6.5.3 异质型人力资本影响TFP的空间异质性分析

不考虑门槛效应将会忽略地区间异质型人力资本的空间异质性所产生影响程度的差异化，故基于上文异质型人力资本对全要素生产率和技术进步产生的门槛效应分析，从时间和空间两个角度来统计分析异质型人力资本对全要素生产率和技术进步影响的空间异质性，统计结果如表6.10所示。

表6.10　　异质型人力资本影响TFP的空间异质性统计表

门槛区间	高级人力资本*hc*			创新型人力资本*hrd*		
	2005年	2010年	2016年	2005年	2010年	2016年
区间 （$hc \leqslant 0.426$）	西藏	—	—	—	—	—
区间 （$0.426<hc<2.415$） （$hrd \leqslant 8.969$）	其余省份	其余省份	其余省份	其余省份	其余省份	其余省份
区间 （$hc>2.415$） （$hrd>8.969$）	北京 上海	北京 天津 上海	北京 天津 内蒙古 辽宁 上海 江苏	北京	北京 上海	北京 天津 上海 江苏 浙江

资料来源：整理数据后，作者自制表格。

表6.10统计了2005年、2010年和2016年中国异质性人力资本对全要素生产率影响的空间异质性分布格局。表中可以直观看出：第一，随着时间的推移，高级人力资本水平跨过第二门槛的省市逐渐增多，除了内蒙古之外，均分布在东部地区；相反，高级人力资本水平未跨过第二门槛的省市逐渐减少。但是由于从业人数中受中等教育的人口比例较高，大部分省份的高级人力资本水平还位于比较低的水平，因此，这导致高级人力资本水平在低于第二门槛值时，驱动全要素生产率增长的效果还未得到加强。第二，随着时间的推移，创新型人力资本跨过门槛值的省份逐渐增加到5个，均分布在东部

地区。从不同年度的分布表中可以发现中国整体的人力资本水平得到不断的提高。随着各个地区重视创新驱动程度的加强，创新型人力资本水平不断提高，当跨过门槛值时，创新型人力资本呈现出集聚效应，驱动全要素生产率的程度进一步加强。

6.6 本章小结

本章从驱动全要素生产率的必备的“软件”视角，从人力资本的异质型结构层面，分别从交互效应、空间相关性和空间异质性三个角度，来探究异质型人力资本在城镇化进程中影响全要素生产率的方向、程度和路径。

首先，借鉴Caselli和Coleman（2006）分类方法，按照受教育程度，将异质型人力资本分为三个层次：初级人力资本（*hp*）、中级人力资本（*hs*）和高级人力资本（*hc*）；同时鉴于新型城镇化的创新驱动战略，采用R&D投入的视角来衡量创新型人力资本，具体采用Goldsmith的“永续盘存法”，估算出R&D资本存量；并具体分析四个层次人力资本在城镇化进程中的动态变化及空间异质性。其次，构建交互效应模型，分别实证分析城镇化水平结合异质型人力资本对全要素生产率、技术效率和技术进步产生的交互效应。再次，考虑空间因素，鉴于核心变量的空间相关性动态变化特征，构建空间面板杜宾模型，分别实证分析城镇化水平结合异质型人力资本对全要素生产率和技术进步产生的空间溢出效应。最后，基于核心变量的空间异质性，构建门槛面板回归模型，分别实证分析城镇化水平结合异质型人力资本对全要素生产率和技术进步产生的门槛效应。本章具体研究结论如下：

一是，2000—2016年，城镇化进程中异质型人力资本存在显著的空间异质性，同时在区域间具有差异化的动态趋势。空间异质性特征具体表现在：区域间初级人力资本均显著下降，中级人力资本上升幅度最小，而高级人力资本上升幅度最大，但是创新型人力资本上升幅度显著低于高级人力资本。这说明在2000—2016年，随着人口增长进入转变阶段，中国人力资本结构呈现出以初级人力资本向高级人力资本演进的显著特征，但是以研发和创新为主的创新型人力资本增长速度慢于高级人力资本，说明中国人力资本结构从高级人力资本向创新型人力资本演进空间有待进一步扩大。

二是，构建城镇化水平和异质型人力资本的交互效应模型，分别检验城镇化水平结合不同层次人力资本共同对全要素生产率产生的交互效应。研究发现：城镇化进程中，城镇化水平结合异质型人力资本对全要素生产率产生的交互效应的方向和程度存在显著差异；城镇化水平分别结合高级人力资本和创新型人力资本对全要素生产率产生显著正向的交互效应。城镇化进程中，城镇化结合高级人力资本和创新型人力资本驱动全要素生产率增长的具体路径相同：两个交互项既能促进技术效率提升，又能促进技术进步发展；两者对技术进步产生的交互效应均显著强于技术效率的；即城镇化结合高级人力资本和创新型人力资本更多通过促进技术进步提升的路径，来有效驱动全要素生产率增长。

三是，基于核心变量的空间相关性动态变化特征，采用经济空间权重下的空间回归模型可以更好地提高普通面板回归模型的拟合程度；同时城镇化水平结合异质型人力资本对全要素生产率和技术进步产生了差异性的空间溢出效应。研究发现：考虑空间因素后，随着城镇化水平的提高对本地区全要素生产率和技术进步产生的消极影响程度减弱；间接效应中，城镇化水平对周边地区全要素生产率影响程度并不显著，而其对周边地区技术进步的促进效应很显著，即存在正向的空间溢出效应。考虑空间因素后，高级人力资本对本地技术进步产生了促进效应，进而有利于驱动本地区全要素生产率增长；间接效应中，高级人力资本对周边地区内全要素生产率产生了消极影响，但不显著，而对周边地区内技术进步产生了显著的消极影响，即存在负向的空间溢出效应。考虑空间因素后，创新型人力资本对本地区全要素生产率和技术进步的促进程度减弱；间接效应中，创新型人力资本对周边地区内全要素生产率产生了促进效应，但不显著，而对周边地区内技术进步产生了显著的促进效应，即存在正向的空间溢出效应。不考虑空间溢出效应将会显著高估基础设施结构优化对本地区全要素生产率和技术进步的影响程度；间接效应中，基础设施结构的不断优化对周边地区内全要素生产率和技术进步产生了显著的促进效应，即存在正向的空间溢出效应。

四是，基于异质型人力资本存在的空间异质性动态变化特征，若不考虑门槛效应将会忽略地区间异质型人力资本对全要素生产率所产生影响的空间异质性。通过构建异质型人力资本的门槛模型，研究发现：随着高级人力资本跨过第一门槛值后，对全要素生产率和技术进步产生的影响效果不确定了；高级人力资本对技术创新和技术扩散的效果并不显著，没有起到显著的促进作用，而当高级人力资本水平跨过第二个门槛值之后，才能对全要素生产率和技术进步产生显著的促进效应。创新型人力资本水平较低时，对全要素生产率和技术进步产生的促进程度较低，而随着创新型人力资本跨过第一门槛值后，对全要素生产率和技术进步产生的促进程度进一步增强。不同门槛值区间内的地区分布趋势变化：高级人力资本水平跨过第二门槛的省份逐渐增多，除了内蒙古之外，均分布在东部地区。总体来看，中国整体的人力资本水平得到不断的提高；同时伴随各地区政府逐渐重视创新驱动程度的加强，创新型人力资本水平不断提高，当跨过门槛值时，创新型人力资本呈现出集聚效应，驱动全要素生产率增长的程度进一步加强。

综上所述，基于交互效应、空间溢出效应和空间异质性的研究结论，从人力资本的结构层面上，城镇化水平结合不同层次人力资本对全要素生产率产生的方向、程度和路径均存在显著的差异性。同时考虑空间因素后，能更好地探究地区间协调发展对全要素生产率产生的空间溢出效应。作为驱动全要素生产率增长的“硬件”——基础设施结构优化，考虑空间因素后，基础设施结构优化对本地区技术进步产生了消极影响；相邻省份基础设施结构优化程度的提高对本地区全要素生产率和技术进步均产生显著的促进效应，即空间溢出效应显著强于空间竞争效应。下面的章节将具体探究异质型基础设施在城镇化中影响全要素生产率的方向、程度和路径。

07 第7章

城镇化进程中TFP增长驱动机制：异质型基础设施

第6章从人力资本的结构层面上，探究城镇化水平结合不同层次的人力资本对全要素生产率产生的方向、程度和路径。作为驱动全要素生产率增长的“硬件”方面，不同类型的基础设施类型将会对全要素生产率产生怎样的影响？为了有效驱动全要素生产率增长，城镇化水平具体需要结合哪种类型的基础设施，如何合理调整基础设施投资结构才能有利于实现全要素生产率驱动？因此，本章节将从异质型基础设施层面，探究城镇化水平结合不同类型的基础设施对全要素生产率产生的方向、程度和路径。

7.1 引　言

基础设施被发展经济学家们称作“间接社会资本”，旨在强调这些物品需要在一般的产业投资之前进行“先行”投入，也是决定经济增长的重要因素之一。基础设施不仅作为直接的投入要素进入生产函数来提高产出，而且还可以通过溢出效应和网络效应影响着全要素生产率。世界银行（1994）的研究指出：基础设施可以划分为经济性基础设施和社会性基础设施两大类型。经济性基础设施包括如：邮电通信、道路交通等，这些可以直接参与生产活动，有利于降低企业成本，进而提高经济社会的生产效率；社会性基础设施包括如：教育、科技、卫生等有利于人力资本积累和民生福利改善，进而推动经济长期可持续发展。伴随着城镇化从传统的“土地城镇化”到“以人为核心”的新型城镇化模式的转变，中国省际基础设施建设均得到快速发展，然而不同类型的基础设施建设和发展趋势变动却存在着显著的差异性。本书从显著促进经济高质量发展的角度，选取以下四种类型的基础设施：交通基础设施、信息基础设施、科技基础设施和教育基础设施。第5章已从总量层面分析得出，四种类型的基础设施存量对全要素生产率的驱动效应非常显著。而从结构层面上，不同类型的基础设施将会对全要素生产率产生怎样的影响？

首先，观察四种类型基础设施呈现出的变动趋势，如图7.1所示[①]。为了

① 数据来源历年《中国统计年鉴》，经作者计算整理得出。

使四种类型基础设施趋势变动具有可比性和可视性，选取这四种类型投资项目的固定资产投资额，从流量的视角考察不同类型基础设施趋势变动的异质性特征。2000年以来，伴随城镇化的建设，交通基础设施占四维度投资总额的比例最高，远远高于其他三种基础设施，呈现出先增后降的趋势；教育基础设施所占比例从最初的22%，逐渐下降到12.4%；而信息基础设施和科技基础设施所占四维度投资总额的比例比较低；只有科技基础设施所占比例呈现逐年增加的趋势，从2000年最初的3.0%，逐渐增长到7.4%。

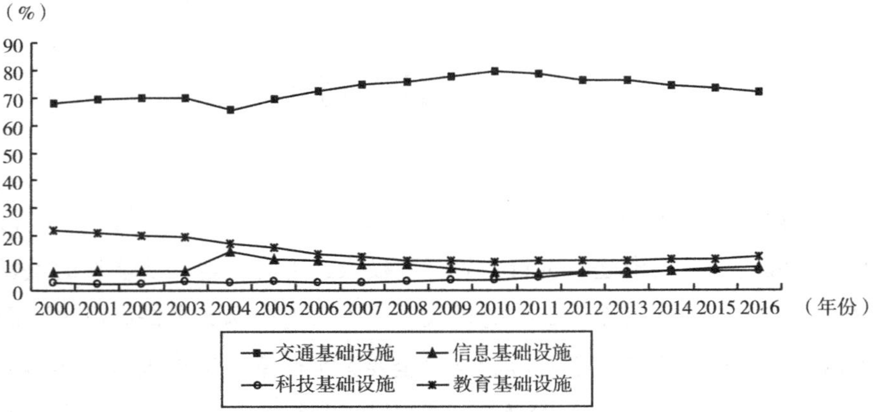

图7.1　2000—2016年异质型基础设施变动趋势

其次，考虑城镇化进程中，基于异质型基础设施变动特征的分析，不同类型的基础设施是否有利于驱动全要素生产率增长？城镇化水平分别结合异质性基础设施将对全要素生产率产生怎样的影响？以及具体的影响路径？为了回答以上问题，本章从结构层面上，构建城镇化水平和异质性基础设施的交互效应模型，分别检验城镇化水平结合不同类型基础设施共同对全要素生产率产生的交互效应，并探究影响全要素生产率的具体路径。同时，由于地区经济发展显著不平衡，不同省份之间既相互协作又相互竞争，且基础设施具有网络特性，存在空间溢出效应，因此不同类型的基础设施对全要素生产率的影响效应也可能表现出空间相关性以及空间异质性特征。有鉴于此，还需要从空间相关性和空间异质性这两个角度来探究异质型基础设施对全要素生产率影响的空间特征。这将对城镇化进程中对驱动全要素生产率增长的研究进行一定程度的拓展和完善。

7.2　异质型基础设施的测算与空间异质性的动态分析

7.2.1　异质型基础设施的测算与描述性统计

基于第5章中关于基础设施的代理变量选择主要有两种方式，考虑到具体代理变量选择可以根据实际研究情况和数据的可得性，进行择优选取。总量层面上利用四维度投资项目的固定资产投资额可以加总的优点，第5章选用这四个投资额的和来作为计算基础设施存量的历年流量值。结构层面上，四个维度基础设施可以选择实物基础设施或者到特定基础设施的距离作为代理变量，优点是可以直接准确地反映不同类型基础设施的实际存量情况，避免了投资流量所占比例容易出现多重共线性的问题，以及不能直接准确地反映基础设施存量的缺点。具体四维度下的基础设施的代理变量选择如下：

1. 交通基础设施（*road*）

一般常用两种方法衡量：一种方法是使用路网密度来衡量，鉴于数据的可得性和连续性，常常采用等级公路的密度，即运输公路的里程数在其土地总面积上的密度来衡量；当路网密度数值越大时，表示交通基础设施存量的提高。另外一种方法是使用地区交通可达性来衡量，即使用某地区到其他地区的平均最短旅行时间表示；当可达性数值越大反而表示可达性越低，可达性数值越小表示可达性得到提升。考虑到基础设施结构优化对全要素生产率的正向促进作用，保持含义解释方向的一致性，故选取第一种方法来衡量交通基础设施水平。

2. 信息基础设施（*iinf*）

一般采取长途光缆线路长度、互联网用户数以及移动电话用户数等来衡量。鉴于数据的可得性和连续性，本书采用长途光缆线路的密度，即长途光缆线路长度在其土地总面积上的密度来衡量信息基础设施水平；当路网密度数值越大时，表示信息基础设施存量的提高。

3. 科技基础设施（*stinf*）

常常采用在校大学生数作为代理变量，其优点是可以直接体现高等教育或者高等院校的分布情况，而地区高等院校的发展情况基础上能够体现科研基础设施的发展水平。本书具体采用地区在校大学生数占总人口的比例来衡量科技基础设施水平。

4. 教育基础设施（*einf*）

一般采用小学师生比率作为代理变量，其优点是可以直接反映地区基础教育的差异情况，当师生比率提高时，能够体现出地区基础教育水平的提高，反映地区教育基础设施的总体发展水平。

综上，选取2000—2016年省级面板数据，以上变量的原始数据均来源于历年《中国统计年鉴》、历年各省市统计年鉴和中经网数据库，异质型基础设施的描述性统计如表7.1所示。

表7.1　异质型基础设施的描述性统计

变量	样本值	最大值	最小值	均值	标准差
road	527	2.096	0.0180	0.662	0.466
iinf	527	84.00	0.004	2.362	7.231
stinf	527	0.034	0.002	0.009	0.005
einf	527	0.102	0.035	0.058	0.012

7.2.2　异质型基础设施空间异质性的动态分析

鉴于中国经济发展存在着明显的空间非均衡性，为探究地区间异质型基础设施的空间异质性，将四维度基础设施分三个年度段进行统计分析，来探究这些变量在东部、中部和西部地区呈现的空间异质性及动态变化趋势。异质型基础设施具体的空间异质性统计如表7.2所示。

表7.2 异质型基础设施的空间异质性统计分析

变量	2000—2005年均值			2005—2010年均值			2010—2016年均值		
	东部	中部	西部	东部	中部	西部	东部	中部	西部
road	0.530	0.409	0.180	0.889	0.911	0.378	1.070	1.144	0.507
iinf	0.151	0.109	0.056	0.207	0.157	0.086	9.982	3.970	1.562
stinf	0.011	0.007	0.005	0.012	0.007	0.006	0.013	0.010	0.009
einf	0.059	0.048	0.048	0.066	0.052	0.054	0.066	0.056	0.062

1. 交通基础设施（*road*）

2000—2005年交通基础设施均值在东部地区最高，西部地区非常低；2005—2010年，交通基础设施均值在东部和中西部都得到大幅度提高，中部地区均值超过了东部地区；而在2010—2016年，各地区增长幅度有所下降；总体来看，三个年度段的均值均大幅度上升，说明2000—2016年交通基础设施总体水平得到快速地提高。

交通基础设施均值变动幅度的空间差异性：东部地区均值增长幅度由67.74%下降到20.36%；中部地区均值增长幅度由122.74%骤降到25.58%；西部地区均值增长幅度由110%骤降到34.13%。可见，在样本期间，交通基础设施在东部地区建设较早，规模较高，后期增长乏力，完善程度逐渐接近饱和；而其在中部和西部地区呈现出相似的动态变动趋势，由于早期交通基础设施存量较低，在2005—2010年得到快速、大幅度提高，而后期增长速度趋于平稳；与东部地区仍然存在很大的差距，中西地区仍存在很大发展空间。

2. 信息基础设施（*iinf*）

2000—2005年信息基础设施均值在东部地区最高，西部地区非常低；2005—2010年，信息基础设施均值在东部和中西部都得到快速提高；而在2010—2016年，各区域增长幅度直线上升；总体来看，三个年度段的均值均大幅度得到提高，说明2000—2016年信息基础设施总体水平得到飞速提升。

信息基础设施均值变动幅度的空间差异性：在样本期间，信息基础设施在东部地区建设较早，规模较高，2010—2016年得到飞速增长，普及程度越来越广；而其在中部和西部地区呈现出相似的动态变动趋势，由于早期信息基础设施存量较低，在2010—2016年也得到飞速增长，增长的倍数相比东部较小；与东部地区的差距逐渐拉大，中西地区仍存在很大发展空间。

3. 科技基础设施（*stinf*）

2000—2005年科技基础设施均值在东部地区最高，西部地区偏低；2005—2010年，科技基础设施均值在东部和西部增长幅度较小；而在2010—2016年，各区域增长幅度均大幅上涨；总体来看，三个年度段间的均值得到快速增长，说明2000—2016年科技基础设施总体水平得到快速地提高。

科技基础设施均值变动幅度的空间差异性：东部地区均值增长幅度由9.09%下降到8.33%；中部地区均值增长幅度由0%上升到42.86%；西部地区均值增长幅度由20%上升到50%。可见，在样本期间，科技基础设施在东部地区规模较高，后期增长乏力；而其在中部和西部地区呈现出相似的动态变动趋势，早期科技基础设施存量较低，而在2010—2016年得到大幅度提高，逐渐缩小了与东部地区的差距。

4. 教育基础设施（*einf*）

2000—2005年教育基础设施均值在东部地区较高，中西部地区偏低一些；2005—2010年，教育基础设施均值在东部和西部增长幅度较小；而在2010—2016年，东部地区基本不再变化，而中西部地区增长幅度比较平稳；总体来看，三个年度段间的均值得到一定程度的增长，说明2000—2016年教育基础设施总体水平得到比较平稳地增长。

教育基础设施均值变动幅度的空间差异性：东部地区均值增长幅度由11.86%下降到0%；中部地区均值增长幅度由8.33%下降到7.69%；西部地区均值增长幅度由12.5%上升到14.81%。可见，在样本期间，教育基础设施在初期东部地区稍微偏高一些，但是在后期中部和西部地区的增长下，东部和中西地区的差距非常小了。

综上，从四个维度基础设施的数据变动中得出：异质型基础设施存在显著的空间异质性，同时具有差异性的动态变动。交通基础设施和信息基础设施在不同区域间均得到飞速增长；在2005—2010年东部地区与中西部地区的差距逐渐缩小；相反，在2010—2016年东部地区与中西部地区的差距逐渐拉大，中西地区仍存在很大发展空间。科技基础设施和教育基础设施总体水平得到比较平稳地增长；2000—2016年，初期两者存量在东部地区稍微偏高一些，但是在后期中部和西部地区的较快增长下，东部与中西地区的差距逐渐缩小。这说明在2000—2016年，地方政府在不同类型基础设施发展投资决策中调整幅度较大，逐渐偏向能促进高质量发展的类型。

7.3 城镇化结合异质型基础设施对TFP产生的交互效应分析

7.3.1 交互效应模型设定

在城镇化进程中，城镇化水平结合基础设施结构优化对全要素生产率产生正向的交互效应。那么，城镇化结合异质型基础设施将会对全要素生产率产生怎样的交互效应呢？具体的作用方向和程度如何？为此，构建城镇化水平和异质性基础设施的交互效应模型（7.1）—模型（7.4），分别检验城镇化水平结合不同类型基础设施共同对全要素生产率产生的交互效应；具体模型形式如下。

$$tfp_{it}=c+\beta_1 ur_{it}+\beta_2 ur_{it}\times road_{it}+\beta_3 humhg_{it}+\sum\nolimits_m \gamma_m C_{it}+u_i+\varepsilon_{it} \tag{7.1}$$

$$tfp_{it}=c+\beta_1 ur_{it}+\beta_2 ur_{it}\times iinf_{it}+\beta_3 humhg_{it}+\sum\nolimits_m \gamma_m C_{it}+u_i+\varepsilon_{it} \tag{7.2}$$

$$tfp_{it}=c+\beta_1 ur_{it}+\beta_2 ur_{it}\times stinf_{it}+\beta_3 humhg_{it}+\sum\nolimits_m \gamma_m C_{it}+u_i+\varepsilon_{it} \tag{7.3}$$

$$tfp_{it}=c+\beta_1 ur_{it}+\beta_2 ur_{it}\times einf_{it}+\beta_3 humhg_{it}+\sum\nolimits_m \gamma_m C_{it}+u_i+\varepsilon_{it} \tag{7.4}$$

以上模型中，c为常数项，下标i和t分别代表所选省份和年份；β_n为核心解释变量的估计系数；C_{it}代表不同的控制变量集，同前文一致；γ_m为第m个控制变量的估计系数；u_i代表不随时间变化的个体特征效应；ε_{it}表示与解释变量无关的随机扰动项；ur_{it}为城镇化率水平；$ur_{it}\times road_{it}$为城镇化与交通基础设施的交互项；$ur_{it}\times iinf_{it}$为城镇化与信息基础设施的交互项；$ur_{it}\times stinf_{it}$为城镇化与科技基础设施的交互项；$ur_{it}\times einf_{it}$为城镇化与教育基础设施的交互项。

7.3.2 交互项影响TFP的实证结果分析

基于上文城镇化结合异质型基础设施的交互项模型的设定，通过F检验和Hausman检验表明模型存在显著的个体固定效应，故选取个体固定效应模型进行实证检验，并使用Stata14.0软件进行估计，具体回归结果如表7.3所示。

对比模型M1—模型M4的拟合优度可见：城镇化结合异质型基础设施的交互效应模型拟合优度依次降低，说明城镇化结合交通基础设施和信息基础设施的交互效应模型能够更好地解释交互项与全要素生产率的关系。同时，对比观察模型M1—模型M4，*ur*回归系数的符号均为负；且在1%水平上通过显著性检验，交互效应模型的回归结果比较稳健。

1.城镇化结合交通基础设施的交互项（*ur*×*road*）

观察表7.3中的实证结果，模型M1中，*ur*×*road*回归系数为0.458，且在1%水平上通过显著性检验，即城镇化水平结合交通基础设施的交互项，对全要素生产率产生了正向的交互效应。这说明：城镇化进程中，伴随着生产要素和经济资源不断向城镇集聚的过程中，交通基础设施得到不断地完善和加强，能够显著有效地促进全要素生产率增长。

这是因为：一方面，城镇化进程中经济集聚程度的增强，促进了市场扩张，地区间便利的交通有利于降低地区货物流通的成本，提高地区间生产要素流通的效率；另一方面，城镇化进程中生产要素和经济资源在地区间的快速流通，带动了知识和技术的传播，地区间便利的交通有利于提高技术的扩散速度和扩散广度，起到有效驱动全要素生产率增长的作用。

表7.3 城镇化水平结合异质型基础设施影响TFP的交互效应回归结果

变量	M1	M2	M3	M4
ur	−1.722*** （−7.499）	−0.749*** （−3.387）	−0.827*** （−3.451）	−0.752*** （−2.923）
ur×*road*	0.458*** （10.075）	—	—	—
ur×*iinf*	—	0.009*** （8.384）	—	—

续表

变量	M1	M2	M3	M4
ur×*stinf*	—	—	−5.759 （−1.563）	—
ur×*einf*	—	—	—	−2.632 （−1.397）
humhg	0.094 （1.306）	0.059 （0.789）	0.215*** （2.760）	0.209*** （2.678）
lnpfe	−0.047** （−2.016）	−0.071*** （−2.952）	−0.065** （−2.551）	−0.063** （−2.452）
lnpie	−0.064*** （−3.764）	−0.035** （−2.003）	−0.045** （−2.451）	−0.044** （−2.386）
lnpfdi	0.004 （0.490）	0.006 （0.704）	−0.003 （−0.324）	−0.002 （−0.249）
HI	−0.107 （−0.785）	−0.192 （−1.339）	0.086 （0.580）	0.099 （0.667）
_cons	2.433*** （8.471）	2.349*** （7.893）	1.459*** （4.929）	1.429*** （4.825）
N	527	527	527	527
R^2	0.603	0.581	0.523	0.522
F	106.094	96.795	76.578	76.431

注：***、**分别表示回归系数在1%、5%水平上显著；括号内为系数检验的*t*值。

2. 城镇化结合信息基础设施的交互项（*ur*×*iinf*）

观察表7.3中的实证结果，模型M2中，*ur*×*iinf*回归系数为0.009，且在1%水平上通过显著性检验，即城镇化水平结合信息基础设施的交互项，对全要素生产率产生了正向的交互效应。这说明：城镇化进程中，伴随互联网经济的兴起和发展，信息基础设施得到飞速发展，能够显著有效地促进全要素生产率增长。

这是因为：一方面，城镇化进程中经济集聚程度的增强，地区间高效的信息通信设施飞速发展，有利于加速信息传递速度，在一定程度上降低市场经济中的信息不对称程度，有利于减低经济活动中的交易成本；另一方面，城镇化进程中经济活动规模的扩张，地区间高效的信息通讯设施有利于优化经济活动空间组织，促进地区分工协作、协调发展，起到有效驱动全要素生产率增长的作用。

3. 城镇化结合科技基础设施的交互项（*ur×stinf*）

观察表7.3中的实证结果，模型M3中，*ur×stinf*回归系数未通过显著性检验；即城镇化水平结合科技基础设施的交互项，对全要素生产率产生的交互效应并不显著。这说明：城镇化进程中，科技基础设施还未对全要素生产率产生明显的影响。

这是因为：城镇化的进程中，科技基础设施的发展一直比较平稳，从空间异质性分析可以看出，中国科技基础设施在2010年之后在中部和西部地区得到较快的发展。因此，从长期来看，发展比较缓慢的科技基础设施还未能驱动全要素生产率增长。

4. 城镇化结合教育基础设施的交互项（*ur×einf*）

观察表7.3中的实证结果，模型M4中，*ur×einf*回归系数未通过显著性检验；即城镇化进程中，城镇化水平结合教育基础设施的交互项，对全要素生产率产生的交互效应并不显著。这说明：城镇化的进程中，教育基础设施还未对全要素生产率产生明显的影响。

这是因为：教育基础设施的建设直接促进初级人力资本水平的积累，虽然可以间接影响中级和高级人力资本储备，但实际影响程度较弱，对驱动全要素生产率增长不明显。

综上，对比分析四个交互项的回归系数可得出：城镇化进程中，城镇化水平结合异质型基础设施对全要素生产率产生交互效应的方向和程度均存在显著差异；城镇化水平分别结合交通基础设施和信息基础设施对全要素生产率产生了显著正向的交互效应。因此，城镇化进程中，通过合理地优化交通基础设施和信息基础设施建设的路径，能够有效地驱动全要素生产率增长。

7.3.3 交互项影响技术效率和技术进步的实证结果分析

基于上文实证结果，城镇化水平结合交通基础设施和信息基础设施的交互项，对全要素生产率产生正向的交互效应，为了进一步探究这两个交互项影响全要素生产率的具体路径，将技术效率和技术进步分别替代全要素生产率作为被解释变量来构建相应的模型，具体模型形式如下。

$$effch_{it} = c + \beta_1 ur_{it} + \beta_2 ur_{it} \times road_{it} + \beta_3 humhg_{it} + \sum_m \gamma_m C_{it} + u_i + \varepsilon_{it} \tag{7.5}$$

$$effch_{it} = c + \beta_1 ur_{it} + \beta_2 ur_{it} \times iinf_{it} + \beta_3 humhg_{it} + \sum_m \gamma_m C_{it} + u_i + \varepsilon_{it} \tag{7.6}$$

$$tech_{it} = c + \beta_1 ur_{it} + \beta_2 ur_{it} \times road_{it} + \beta_3 humhg_{it} + \sum_m \gamma_m C_{it} + u_i + \varepsilon_{it} \tag{7.7}$$

$$tech_{it} = c + \beta_1 ur_{it} + \beta_2 ur_{it} \times iinf_{it} + \beta_3 humhg_{it} + \sum_m \gamma_m C_{it} + u_i + \varepsilon_{it} \tag{7.8}$$

以上模型中，c为常数项，下标i和t分别代表所选省市和年份；β_n为核心解释变量的估计系数；C_{it}代表不同的控制变量集，同前文一致；γ_m为第m个控制变量的估计系数；u_i代表不随时间变化的个体特征效应；ε_{it}表示与解释变量无关的随机扰动项。

基于以上交互项模型的设定，通过F检验和Hausman检验表明模型存在显著的个体固定效应，故选取个体固定效应模型进行实证检验；并采用Stata14.0软件进行估计，具体回归结果如表7.4所示。

表7.4　　　交互项影响技术效率和技术进步的交互效应回归结果

变量	M1	M2	M3	M4
	effch	*effch*	*tech*	*tech*
ur	-0.796^{***} （−5.104）	-0.512^{***} （−3.518）	-1.337^{***} （−7.237）	-0.596^{***} （−3.293）
ur × *road*	0.128^{***} （4.150）	—	0.357^{***} （9.765）	—
ur × *iinf*	—	0.003^{***} （4.503）	—	0.006^{***} （6.736）
humhg	0.047 （0.953）	0.026 （0.521）	0.099^{*} （1.712）	0.090 （1.468）
lnpfe	-0.098^{***} （−6.188）	-0.105^{***} （−6.661）	0.069^{***} （3.666）	0.051^{***} （2.599）
lnpie	-0.022^{*} （−1.914）	−0.013 （−1.153）	-0.062^{***} （−4.549）	-0.040^{***} （−2.857）
lnpfdi	0.002 （0.367）	0.003 （0.587）	0.014^{**} （2.090）	0.014^{**} （2.044）

续表

变量	M1	M2	M3	M4
	effch	*effch*	*tech*	*tech*
HI	−0.027 (−0.295)	−0.074 (−0.779)	−0.104 (−0.949)	−0.133 (−1.136)
_cons	2.104*** (10.792)	2.147*** (10.956)	1.389*** (6.015)	1.213*** (4.982)
N	527	527	527	527
R^2	0.768	0.769	0.232	0.160
F	230.657	232.470	21.089	13.312

注：***、**、*分别表示回归系数在1%、5%、10%水平上显著；括号内为系数检验的*t*值。

对比观察表7.4与表5.4中实证结果：城镇化结合交通基础设施和信息基础设施的交互效应模型拟合优度比基础设施总量层面上的交互效应模型要高，说明城镇化结合交通基础设施和信息基础设施的交互效应模型能够更好地解释交互项与技术效率和技术进步的关系。同时，模型M1—模型M4中，*ur*回归系数的符号均为负；且在1%水平上通过显著性检验，交互项模型的回归结果比较稳健。

1.城镇化结合交通基础设施的交互项（*ur×road*）

观察表7.4中的实证结果：模型M1和模型M3中，*ur×road*回归系数分别为0.128和0.357，且在1%水平上通过显著性检验；说明城镇化进程中，城镇化水平结合交通基础设施的交互项，分别对技术效率和技术进步产生了正向的交互效应。这说明：城镇化的进程中，结合交通基础设施的发展，能够显著有效地提高技术效率和技术进步的水平，进而驱动全要素生产率增长。

对比模型M1和模型M3中*ur×iinf*回归系数得出：*ur×road*对技术进步产生的交互效应显著强于技术效率的。这说明：城镇化水平结合交通基础设施更多通过促进技术进步提升的路径，来有效驱动全要素生产率增长。

2.城镇化结合信息基础设施的交互项（*ur×iinf*）

观察表7.4中的实证结果：模型M2和模型M4中，*ur×iinf*回归系数分别为0.003和0.006，且在1%水平上通过显著性检验；说明城镇化进程中，城镇化水平结合信息基础设施的交互项，分别对技术效率和技术进步产生了正向的交互效应。这说明：城镇化的进程中，结合信息基础设施的发展，能够显著有效地提高技术效率和技术进步的水平，进而驱动全要素生产率增长。

对比模型M1和模型M3中*ur*×*iinf*回归系数得出：*ur*×*iinf*对技术进步产生的交互效应显著强于技术效率的。这说明，城镇化水平结合信息基础设施更多通过促进技术进步提升的路径，来有效驱动全要素生产率增长。

综上，城镇化进程中，城镇化结合交通基础设施和信息基础设施驱动全要素生产率增长的具体路径相同。两个交互项既能促进技术效率提升，又能促进技术进步发展；两者均对技术进步产生的交互效应显著强于技术效率的；即城镇化结合交通基础设施和信息基础设施更多通过促进技术进步提升的路径，来有效驱动全要素生产率增长。

7.4　异质型基础设施对TFP产生的空间溢出效应分析

基于上文交互效应实证分析，城镇化进程中，城镇化水平分别结合交通基础设施和信息基础设施对全要素生产率产生显著正向的交互效应；更多通过促进技术进步提升的路径，来有效驱动全要素生产率增长。但是，基于核心变量存在的空间异质性动态特征，反映出：核心变量在各区域内表现出相似值之间的空间集聚特征；且存在高值与高值以及低值与低值的空间集聚特征。因此，为了探究城镇化进程中，驱动全要素生产率增长的具体路径，需要将空间因素纳入模型中，具体分析交通基础设施和信息基础设施分别对全要素生产率产生的空间溢出效应。

7.4.1 核心变量的空间相关性动态分析

遵循该领域的研究传统，普遍使用邻接权重矩阵进行空间自相关性检验，而另外两种权重矩阵的自相关检验结果不再赘述。基于2000—2016年中国各省份交通基础设施、信息基础设施和人力资本高级化程度的相关数据，使用Stata 14.0计算核心变量的莫兰指数（Moran'I）指数，具体结果如表7.5所示。

1. 交通基础设施的空间自相关性动态变化特征

交通基础设施（*road*）的Moran'I 指数为正，且在1%的水平上通过显著性检验；指数随着时间的推移呈现逐渐增大的趋势，从0.419上升到0.550。这表明：交通基础设施在空间分布上具有显著的正自相关关系，表现出相似值之间的空间集聚特征，即呈现出高值与高值，以及低值与低值的空间集聚特征；较高的正自相关程度也反映出交通基础设施在相邻省份之间存在非常强的网络效应，并随着经济发展逐渐加强。

2. 信息基础设施的空间自相关性动态变化特征

信息基础设施（*iinf*）的Moran'I 指数为正，且在1%的水平上通过显著性检验，指数变动趋势存在上下波动的特征，长期来看，2016年*iinf*的Moran'I 指数与2000年相比得到提高，这表明：信息基础设施在空间分布上具有显著的正自相关关系，表现出相似值之间的空间集聚特征，即呈现出高值与高值，以及低值与低值的空间集聚特征。

3. 人力资本高级化空间自相关性动态变化特征

人力资本高级化（*humhg*）的Moran'I 指数为正，且在1%的水平上通过显著性检验；指数变动趋势存在上下波动的特征；长期来看2016年*humhg*的Moran'I 指数与2000年相比稍微下降。这表明：人力资本高级化在空间分布上具有显著的正自相关关系，表现出相似值之间的空间集聚特征，即呈现出高值与高值，以及低值与低值的空间集聚特征。随着各区域间人力资本均呈现出从初级人力资本向高级人力资本演进的特征，尤其是初始低值地区的人力资本高级化程度不断提高，导致人力资本高级化程度在空间分布的正自相关程度稍微下降。

表7.5 核心变量的莫兰指数（Moran'I）指数

年份	*road*	*iinf*	*humhg*
2001	0.419***	0.208***	0.321***
2002	0.425***	0.229***	0.242***
2003	0.429***	0.198***	0.276***
2004	0.410***	0.211***	0.255***
2005	0.412***	0.243***	0.329***
2006	0.549***	0.339***	0.294***
2007	0.536***	0.385***	0.285***
2008	0.537***	0.264***	0.306***
2009	0.535***	0.246***	0.307***
2010	0.534***	0.274***	0.294***
2011	0.536***	0.251***	0.261***
2012	0.545***	0.253***	0.257***
2013	0.554***	0.236***	0.267***
2014	0.546***	0.238***	0.252***
2015	0.543***	0.250***	0.291***
2016	0.550***	0.255***	0.294***

注：***表示回归系数在1%水平上显著。

7.4.2 基础模型设定

为了检验城镇化水平和异质型基础设施影响全要素生产率的方向、程度和路径，先不考虑空间相关因素，构建普通面板的基础模型，进一步考虑影响全要素生产率的具体路径，构建基础模型检验城镇化水平和异质型基础设施影响技术进步的方向和程度，具体模型设定如下：

$$tfp_{it} = c + \beta_1 ur_{it} + \beta_2 road_{it} + \beta_3 iinf_{it} + \beta_4 humhg_{it} + \sum_m \gamma_m C_{it} + u_i + \varepsilon_{it} \quad (7.9)$$

$$tech_{it} = c + \beta_1 ur_{it} + \beta_2 road_{it} + \beta_3 iinf_{it} + \beta_4 humhg_{it} + \sum_m \gamma_m C_{it} + u_i + \varepsilon_{it} \quad (7.10)$$

公式中，下标i代表不同的省份；t代表不同的年份；β_n为第n个核心解释变量的估计系数；c为常数项；u_i代表不随时间变化的个体特征效应；ε_{it}表示与解释变量无关的随机扰动项；C_{it}代表不同的控制变量集，同前文一致；γ_m为第m个控制变量的估计系数；ur_{it}为城镇化率水平；$road_{it}$和$iinf_{it}$分别表示交通基础设施和信息基础设施；$humhg_{it}$为人力资本高级化。

7.4.3 空间模型设定

鉴于样本期间各省份核心变量显著的空间相关性特征，采用空间面板计量模型来检验城镇化水平与异质型基础设施影响全要素生产率和技术进步的空间相关性。基于上文对核心变量的空间相关性检验，如何选用空间计量模型类型，需要进行相应的空间计量检验，具体方法和检验结果如表7.6所示。故选取基于个体固定效应的空间杜宾面板回归模型，具体设定形式如下：

$$tfp_{it}=c+\rho\sum_{j=1}^{n}w_{ij}tfp_{jt}+\beta_1ur_{it}+\beta_2road_{it}+\beta_3iinf_{it}+\beta_4humhg_{it}+ d_i'ur_{it}\delta_1+d_i'road_{it}\delta_2+d_i'iinf_{it}\delta_3+d_i'humhg_{it}\delta_4+\sum\nolimits_m\gamma_mC_{it}+u_i+\varepsilon_{it} \quad (7.11)$$

$$tech_{it}=c+\rho\sum_{j=1}^{n}w_{ij}tech_{jt}+\beta_1ur_{it}+\beta_2road_{it}+\beta_3iinf_{it}+\beta_4humhg_{it}+ d_i'ur_{it}\delta_1+d_i'road_{it}\delta_2+d_i'iinf_{it}\delta_3+d_i'humhg_{it}\delta_4+\sum\nolimits_m\gamma_mC_{it}+u_i+\varepsilon_{it} \quad (7.12)$$

公式中，w_{ij}为空间权重矩阵；$\rho\sum_{j=1}^{n}w_{ij}tfp_{jt}$和$\rho\sum_{j=1}^{n}w_{ij}tech_{jt}$分别表示因变量$tfp$和$tech$的空间滞后项；$\rho$为空间滞后因变量自回归系数；$d_i'$为相应空间权重矩阵的第$i$行；$\delta_n$为第$n$个自变量空间回归系数向量；$C_{it}$代表不同的控制变量集，同前文一致；$\gamma_m$为第$m$个控制变量的估计系数。

表7.6 基于普通面板和空间面板模型的回归结果

变量	普通面板回归		邻接空间权重W1		经济距离权重W2		经济空间权重W3	
	M1-*tfp*	M2-*tech*	M3-*tfp*	M4-*tech*	M5-*tfp*	M6-*tech*	M7-*tfp*	M8-*tech*
ur	-1.105***	-0.883***	-0.858***	-0.377**	-0.568***	-0.404**	-0.731***	-0.428**
	(-4.655)	(-4.565)	(-3.415)	(-1.983)	(-2.654)	(-2.372)	(-3.041)	(-2.251)
road	0.096***	0.084***	0.100**	0.089**	-0.059*	-0.044*	-0.004	-0.012
	(2.898)	(3.087)	(2.070)	(2.485)	(-1.850)	(-1.717)	(-0.104)	(-0.452)

续表

变量	普通面板回归		邻接空间权重W1		经济距离权重W2		经济空间权重W3	
	M1-*tfp*	M2-*tech*	M3-*tfp*	M4-*tech*	M5-*tfp*	M6-*tech*	M7-*tfp*	M8-*tech*
iinf	0.006*** (6.509)	0.004*** (4.969)	0.006*** (4.627)	0.003*** (3.342)	0.006*** (6.388)	0.003*** (4.641)	0.009*** (8.032)	0.005*** (5.357)
humhg	0.072 (0.960)	0.101 (1.640)	0.041 (0.568)	−0.001 (−0.016)	−0.032 (−0.442)	−0.088 (−1.517)	−0.026 (−0.349)	−0.050 (−0.845)
lnpfe	−0.064*** (−2.666)	0.056*** (2.869)	−0.047* (−1.680)	0.013 (0.615)	−0.073** (−2.533)	−0.039* (−1.756)	−0.119*** (−3.708)	−0.102*** (−4.177)
lnpie	−0.045** (−2.559)	−0.050*** (−3.446)	−0.051*** (−3.135)	−0.038*** (−3.147)	−0.017 (−1.065)	−0.029** (−2.239)	−0.076*** (−4.679)	−0.058*** (−4.586)
lnpfdi	0.006 (0.681)	0.014** (1.998)	0.001 (0.160)	0.012** (1.997)	−0.009 (−1.163)	0.002 (0.370)	−0.012 (−1.488)	0.004 (0.701)
HI	−0.189 (−1.312)	−0.130 (−1.107)	−0.279** (−2.078)	−0.071 (−0.714)	−0.073 (−0.564)	−0.116 (−1.126)	−0.291** (−2.124)	−0.319*** (−2.954)
w×*ur*			0.405 (1.001)	−0.107 (−0.358)	−1.199*** (−2.872)	−0.431 (−1.286)	1.587*** (3.008)	1.090*** (2.610)
w×*road*			−0.018 (−0.274)	−0.054 (−1.124)	0.530*** (9.118)	0.429*** (9.279)	0.312*** (4.372)	0.452*** (8.017)
w×*iinf*			−0.003 (−1.235)	−0.001 (−0.719)	0.007** (2.226)	0.004* (1.715)	−0.024*** (−4.481)	−0.010** (−2.254)
w×*humhg*			0.156 (1.514)	0.243*** (3.148)	0.152 (1.319)	0.259*** (2.804)	0.234* (1.914)	0.266*** (2.757)
ρ			0.432*** (8.176)	0.573*** (12.963)	0.441*** (7.039)	0.421*** (7.196)	0.446*** (4.778)	0.168* (1.806)
F检验	19.13***	24.20***	—	—	—	—	—	—
Hausman	145.19***	161.58***	—	—	—	—	—	—
R^2	0.580	0.165	0.566	0.157	0.589	0.259	0.605	0.335
Wald (SAR test)	—	—	36.53***	28.34***	140.24***	146.03***	33.08***	118.29***
Wald (SEM test)	—	—	22.79***	30.44***	122.35***	128.55***	20.39***	65.31***
N	527	527	527	527	527	527	527	527

注：***、**、*分别表示回归系数在1%、5%、10%水平上显著；括号内为系数检验的*t*值。

7.4.4 实证结果分析

基于表7.6中的回归结果，首先观察普通面板回归模型的检验：（1）通过F检验得出：应拒绝模型不存在任何个体效应的原假设，即接受模型存在个体效应；（2）通过Hausman检验得出：应选取个体固定效应模型，拒绝随机效应模型；因此，普通面板回归模型应采用个体固定效应来进行估计。于是空间面板回归模型也应采用个体固定效应的形式，（1）从拟合优度来看，空间权重W2和W3下的空间面板回归R^2值均高于对应的普通面板回归模型，故空间权重W2和W3下的空间面板回归模型均优越于普通面板回归模型（骆永民和樊丽明，2012）；（2）通过Wald检验选用SDM还是SAR模型，原假设H0：不适用于SDM；模型M3—模型M8的检验结果均在1%的显著水平上拒绝了原假设，故应选择SDM模型；通过Wald检验选用SDM还是SEM模型，原假设H0：不适用于SDM；模型M3—模型M8的检验结果也均在1%的显著水平上拒绝了原假设，故应选择SDM模型；因此，最终选取空间杜宾面板回归模型（SDM）进行检验；最后基于不同空间权重下分别进行估计，实证结果采用Stata14.0得出。

观察表7.6中结果，首先，对比不同空间权重下的空间杜宾面板回归结果，空间自相关系数ρ均为正，且通过显著性检验；这说明中国全要素生产率和技术进步增长过程中存在显著的空间依赖性，即一个地区的全要素生产率和技术进步在一定程度上受相邻且具有相似的空间特征地区全要素生产率和技术进步发展的影响。其次，对比普通面板回归和不同空间权重下的空间杜宾面板回归结果，后者的R^2值分别高于M1和M2的R^2值0.580和0.165；这说明在考虑空间因素后，采用空间面板计量模型可以更好提高回归模型的拟合程度。最后，对比不同空间权重下的空间杜宾面板回归结果，只考虑经济因素的空间权重又会忽略地理学定律，即距离越近的省份联系越密切的规律；因此，经济空间权重模型既考虑经济因素又考虑地理空间因素，更好地拟合中国地区和经济的综合性差异特征。下文主要基于经济空间权重W3下的空间杜宾面板回归结果进行分析。

鉴于空间面板模型中将滞后因子纳入回归分析中，解释变量的估计系数不能直接反映解释变量对被解释变量的影响程度，但是可以反映一些影响信息。同时，解释变量存在空间溢出效应，不再适于单独解释对被解释变量的影响，故将空间总效应进行分解，以便更好地分析核心解释变量对被解释变量的影响（见表7.7）。故综合表7.6和表7.7的估计结果，具体分析异质型人力资本影响全要素生产率和技术进步的方向、程度以及空间效应。

表7.7　　空间杜宾面板回归模型的直接效应、间接效应和总效应

核心解释变量	经济空间权重W3：M7-*tfp*			经济空间权重W3：M8-*tech*		
	直接效应	间接效应	总效应	直接效应	间接效应	总效应
ur	–0.654*** (–2.686)	2.330** (2.308)	1.676 (1.636)	–0.390** (–2.036)	1.214** (2.472)	0.825* (1.733)
road	0.011 (0.336)	0.567*** (3.455)	0.579*** (3.492)	–0.000 (–0.006)	0.528*** (6.412)	0.528*** (6.606)
iinf	0.008*** (7.714)	–0.037*** (–3.887)	–0.029*** (–3.051)	0.004*** (5.608)	–0.011** (–2.429)	–0.006 (–1.454)
humhg	–0.016 (–0.231)	0.401* (1.771)	0.384* (1.651)	–0.044 (–0.786)	0.296*** (2.769)	0.252** (2.404)

注：***、**、*分别表示回归系数在1%、5%、10%水平上显著；括号内为系数检验的t值。

1.城镇化对全要素生产率和技术进步的影响

不考虑空间因素的固定效应：模型M1和模型M2中，*ur*回归系数分别为–1.105和–0.883，且在1%水平上通过显著性检验，这说明：城镇化水平对全要素生产率和技术进步均产生消极影响，与前文结果一致。考虑空间因素后，模型M3—模型M8中，*ur*回归系数分别为负，且通过显著性检验，这说明：城镇化水平对全要素生产率和技术进步均产生了消极影响。经济空间权重下的直接效应：*ur*对本地区内全要素生产率的影响系数为–0.654，本地区内技术进步的影响系数为–0.390，且均在1%水平上通过显著性检验，这说明城镇化水平对本地区全要素生产率和技术进步均产生了消极影响；通过对比模型M1中的回归系数得出，不考虑空间溢出效应将会高估城镇化水平对本地区内全要素生产率和技术进步的影响程度。经济空间权重下的间接效应：*ur*对周边地区内全要素生产率的影响系数为2.330；对周边地区内技术进

步的影响系数为1.214，通过显著性检验；同第6章结论一致，检验结果比较稳健，具体分析不再赘述。

2. 交通基础设施对全要素生产率和技术进步的影响

不考虑空间因素的固定效应：模型M1和模型M2中，*road*回归系数分别为0.096和0.084，均在1%水平上通过显著性检验，这说明交通基础设施对全要素生产率和技术进步均产生显著的正向促进作用；即随着地区交通基础设施的完善，能够通过促进技术进步来有效地驱动全要素生产率增长。考虑空间因素后，模型M7—模型M8中，*road*回归系数均为负，未通过显著性检验，这说明：地区内随着交通基础设施水平的提高，通过促进技术进步来有效地驱动全要素生产率增长的效果不确定，故将空间总效应分解后进行具体分析。

经济空间权重下的直接效应：*road*对本地区全要素生产率和技术进步的影响系数未通过显著性检验，这说明交通基础设施对本地全要素生产率和技术进步的影响不显著；即地区内随着交通基础设施水平的提高，通过促进技术进步来有效地驱动本地区全要素生产率增长的效果不确定。经济空间权重下的间接效应：*road*对周边地区内全要素生产率的影响系数为0.567；对周边地区内技术进步的影响系数为0.528；两者均在1%水平上通过显著性检验。这说明：交通基础设施对周边地区全要素生产率和技术进步产生了显著的促进效应，即存在正向的空间溢出效应。

这是因为：鉴于交通基础设施具有显著的空间异质性，考虑空间元素后，交通基础设施对本地区全要素生产率影响不显著了，需要考虑交通基础设施对全要素生产率所存在的空间异质性效应。同时，由于交通基础设施具有网络属性，本地区交通基础设施的建设投入会对技术研发等其他投资形成“挤出效应”，从而不利于技术水平的提高，也会导致影响效果的不显著。相反，周边地区间交通基础设施水平的不断提高，将各个地区的经济活动连成一个整体，降低了经济活动中的运输成本，通过正向的溢出效应，促进地区间经济的协调发展，优化生产要素和经济资源配置效率，带动了知识和技术的传播，通过促进周边地区技术进步，进而驱动周边地区全要素生产率增长。

3. 信息基础设施对全要素生产率产生的空间溢出效应

不考虑空间因素的固定效应：模型M1和模型M2中，*iinf*回归系数分别为0.006和0.004，均在1%水平上通过显著性检验，这说明信息基础设施对全要素生产率和技术进步均产生显著的正向促进作用，即随着地区信息基础设施的完善，能够通过促进技术进步来有效地驱动全要素生产率增长。考虑空间因素后，模型M3—模型M8中，*iinf*回归系数均为正，且均在1%水平上通过显著性检验，这说明：地区内随着信息基础设施水平的提高，有效地促进技术进步提升，进而驱动全要素生产率增长。

经济空间权重下的直接效应：*iinf*对本地区全要素生产率的影响系数为0.008，对本地区技术进步的影响系数为0.004，两者均在1%水平上通过显著性检验，这说明信息基础设施对本地全要素生产率和技术进步产生显著的促进效应；即地区内随着信息基础设施水平的提高，有利于促进技术进步来有效地驱动本地区全要素生产率增长。经济空间权重下的间接效应：*iinf*对周边地区全要素生产率的影响系数为-0.037，对周边地区技术进步的影响系数为-0.011，两者均在1%水平上通过显著性检验；这说明信息基础设施对周边地区全要素生产率和技术进步产生了显著的消极影响，即存在负向的空间溢出效应。

这是因为：随着地区信息基础设施的快速发展，地区间高效的信息通信设施飞速发展，有利于加速信息传递速度，在一定程度上降低市场经济中的信息不对称程度，有利于减低经济活动中的交易成本，有利于促进本地区技术进步，进而驱动本地区全要素生产率增长。相反，高效的信息环境吸收了周边地区优质的经济资源和生产要素，包括优质人才和技术；这将增强周边地区经济资源的竞争程度，导致信息基础设施在周边地区产生的空间虹吸效应显著强于空间溢出效应，从而形成负向的空间溢出效应，因此随着地区信息基础设施的快速发展不有利于促进周边地区技术进步，进而对周边地区全要素生产率增长产生一定程度的消极影响。

4. 人力资本高级化对全要素生产率产生的空间溢出效应

构建空间面板模型来检验异质型基础设施对全要素生产率影响时，将人力资本高级化作为控制变量来加入空间面板模型，进而分析人力资本高级化产生的空间溢出效应。

不考虑空间因素的固定效应：模型M1和模型M2中，*humhg*回归系数分别为正，未通过显著性检验；考虑空间因素后，模型M3—模型M8中，*humhg*回归系数均为正，也未通过显著性检验，说明地区人力资本高级化水平的提高还未能显著促进全要素生产率和技术进步，这与第5章总量层面的分析结果相同，不再赘述。现将其空间总效应分解后进行具体分析。

经济空间权重下的直接效应：*humhg*对本地区全要素生产率和技术进步的影响系数不显著，这说明地区人力资本高级化程度还未对本地全要素生产率和技术进步产生显著的促进效应。经济空间权重下的间接效应：*humhg*对周边地区全要素生产率的影响系数为0.401，对周边地区技术进步的影响系数为0.296，两者分别在10%和1%水平上通过显著性检验；这说明地区人力资本高级化水平的提高对周边地区全要素生产率和技术进步产生了显著的促进效应，即存在正向的空间溢出效应。

这是因为：随着地区人力资本高级化程度的提高，在总量水平上还处于较低的水平，从业人员中最高受教育年限为中等教育的比例较高，因此，人力资本高级化程度还未对地区全要素生产率和技术进步产生显著的促进效应。相反，随着地区人力资本高级化程度的增强，可以有利于促进了周边地区间的技术扩散程度和范围；同时在人力资本水平的总体视角来分析，产生的空间溢出效应显著高于空间竞争效应，进而产生正向的空间溢出效应，从而促进了周边地区技术进步水平的提高，有效驱动了周边地区全要素生产率增长。

综上所述，基于核心变量的空间相关性动态变化特征，城镇化水平结合异质型基础设施对全要素生产率和技术进步产生了差异性的空间溢出效应。考虑空间因素后，随着城镇化水平的提高对本地区全要素生产率和技术进步产生的消极影响程度减弱。考虑空间因素后，地区内随着交通基础设施水平的提高，通过促进技术进步来有效地驱动全要素生产率增长的效果不确定；间接效应中，交通基础设施对周边地区全要素生产率和技术进步产生了显著的促进效应，即存在正向的空间溢出效应。考虑空间因素后，信息基础设施对本地全要素生产率和技术进步产生显著的促进效应；即地区内随着信息基础设施水平的提高，有利于促进技术进步来有效地驱动本地区全要素生产率增长；间接效应中，信息基础设施对周边地区全要素生产率和技术进步产生了显著的消极影响，即存在负向的空间溢出效应。考虑空间因素后，地区人力资本高级化程度还未对本地全要素生产率和技术进步产生显著的促进效应；间接效应中，地区人力资本高级化水平的提高对周边地区全要素生产率和技术进步产生了显著的促进效应，即存在正向的空间溢出效应。

7.5　交通基础设施影响TFP的空间异质性分析

7.5.1　面板门槛回归模型设定

鉴于加入空间因素后，地区内随着交通基础设施水平的提高，通过促进技术进步来有效地驱动全要素生产率增长的效果不确定；故构建门槛面板回归模型，探究交通基础设施对全要素生产率影响的空间异质性。本书在普通面板回归模型的基础上，将交通基础设施分别设为门槛变量，并以其为核心解释变量，系统检验在交通基础设施水平处在不同区间内对全要素生产率影响的门槛效应。

首先，为了确定门槛值及门槛个数，本书运用Bootstrap自助抽样法模拟似然比统计量2000次，估计出门槛值及相关统计量，具体检验结果如表7.8所示。结果发现：在选定的观察期内，被解释变量分别为全要素生产率（*tfp*）、技术进步（*tech*）和技术效率（*effch*）时，当选取交通基础设施（*road*）作为门槛变量，核心变量交通基础设施（*road*）的F统计量在10%水平上通过单一门槛显著性检验，但是其对技术进步和技术效率的门槛效应未通过单一门槛检验，这说明交通基础设施在不同区间内对全要素生产率（*tfp*）的固定效应发生显著变化，且存在显著的单一门槛效应；而对技术进步和技术效率的固定效应未发生显著变化，不存在门槛效应。然后，需要进一步估计单一门槛中核心解释变量的估计系数，来研究具体固定效应变化的方向和程度。现将被解释变量分别为全要素生产率（*tfp*），选取变量*road*设为门槛变量和核心变量的门槛模型，设定具体形式如下所示。

$$tfp_{it} = c + \beta_1 ur_{it} + \beta_2 iinf_{it} + \beta_3 humhg_{it} + \sum\nolimits_m \gamma_m C_{it} + \phi_1 road_{it} I(road_{it} \leqslant q) + \phi_2 road_{it} I(road_{it} > q) + \varepsilon_{it} \quad (7.13)$$

公式中，*road*为门槛变量；$I(\cdot)$为指标函数，括号内条件成立时取值为1，不成立时取值为0；φ_1和φ_2分别核心解释*road*在门槛值q不同区间下的估计系数；C_{it}代表不同的控制变量集，同前文一致；γ_m为第m个控制变量的估计系数；β_n为第n个核心解释变量的估计系数；ε_{it}表示与解释变量无关的随机扰动项。

表7.8　基于交通基础设施的门槛效应检验

被解释变量	*road*门槛检验	门槛值	*F*值	*P*值	10%临界值	5%临界值	1%临界值
tfp	单一门槛检验	1.275*	47.38	0.097	46.711	55.507	74.591
	双重门槛检验	1.706	35.10	0.152	41.033	51.009	72.295
tech	单一门槛检验	1.249	46.75	0.148	52.828	62.408	83.783
effch	单一门槛检验	0.490	20.45	0.4460	36.849	43.8925	55.993

注：*表示回归系数在10%水平上显著，*P*值和临界值均为采用Bootstrap自助法重复抽样2000次得到的结果。

7.5.2　交通基础设施影响TFP的门槛效应分析

根据表7.8的门槛效应检验结果，在选定的观察期内根据门槛变量的具体门槛值q划分成不同区间；然后，对面板门槛模型进行估计，重点分析在门槛值q不同区间内，异质型基础设施对全要素生产率和技术进步影响变化的方向和程度；使用Stata 14.0，得出不同门槛区间内的回归结果，具体如表7.9所示。

表7.9　交通基础设施影响TFP的门槛效应回归结果

解释变量	门槛变量：交通基础设施（*road*）
	M1–*tfp*
ur	−1.159*** （−5.09）
iinf	0.005*** （5.19）

续表

解释变量	门槛变量：交通基础设施（*road*）
	M1–*tfp*
humhg	0.057 （0.79）
lnpfe	−0.050** （−2.15）
lnpie	−0.039** （−2.28）
lnpfdi	0.011 （1.31）
HI	−0.218 （−1.58）
区间1	−0.045 （−1.19）
区间2	0.080** （2.52）
_cons	2.455*** （8.46）
N	527
R^2	0.616
F	86.76

注：***、**分别表示回归系数在1%、5%水平上显著；括号内为系数检验的*t*值。

对比观察表7.9和表7.6中的普通面板回归结果，得出：无论采用固定效应模型还是门槛模型，核心解释变量的显著性和回归系数的符号基本一致，可见两种回归结果是比较稳健的；门槛模型分别通过了显著性检验，证明了交通基础设施对全要素生产率和技术进步产生的影响存在显著的门槛效应。对比固定效应模型和门槛模型拟合优度可见，门槛模型的拟合优度明显提高，说明门槛模型能够更好地解释城镇化进程中交通基础设施与全要素生产率和技术进步之间的关系；如果只采用固定效应模型，那么，将会忽略交通基础设施在不同水平区间下对全要素生产率和技术进步影响的方向和程度上的变化。因此，基于门槛模型的估计结果重点分析城镇化进程中交通基础设施对全要素生产率影响的非线性影响。

模型M1中，交通基础设施对全要素生产率的影响存在显著的单一门槛效应；根据交通基础设施水平的高低，将整个样本划分为两个门槛区间，当交通基础设施水平处于不同的门槛区间时，地区交通基础设施水平对全要素生产率产生影响的回归系数显著不同；即城镇化进程地区交通基础设施对全要素生产率产生的固定效应发生显著变化，即存在非线性影响。研究发现：当*road*≤1.275时，*road*回归系数未通过显著性检验，表明城镇化进程中，当交通基础设施水平位于区间1时，地区交通基础设施水平的提高对全要素生产率影响不显著；当*road*>1.275，*road*回归系数为0.080，且在5%水平上通过显著性检验，表明城镇化进程中，当交通基础设施水平位于区间2时，地区交通基础设施水平的提高对全要素生产率产生显著的正向促进效应。

对比不同门槛区间内交通基础设施的回归系数，得出：交通基础设施水平较低时，对全要素生产率产生的影响不确定，而随着交通基础设施跨过第一门槛值后，对全要素生产率产生正向促进效应。对比表7.6中普通回归模型M1中，*road*回归系数0.096，发现不考虑门槛效应将高估交通基础设施对全要素生产率促进程度，同时也会忽略地区间交通基础设施的空间异质性所产生影响程度的差异化。

7.5.3 交通基础设施影响TFP的空间异质性分析

不考虑门槛效应将会忽略地区间交通基础设施的空间异质性所产生影响程度的差异化，故基于上文交通基础设施对全要素生产率和技术进步产生的门槛效应分析，从时间和空间两个角度来统计分析交通基础设施对全要素生产率和技术进步影响的空间异质性，统计结果如表7.10所示。

表7.10中统计了2005年、2010年和2016年地区交通基础设施对全要素生产率影响的空间异质性分布格局。从表中可以直观看出：第一，随着时间的推移，交通基础设施跨过第二门槛的省份逐渐增多；2005年只有上海跨过第二门槛；2010年有6个省份跨过第二门槛，主要分布在东部地区5个省份，中部河南，西部重庆；2016年有9个省份跨过第二门槛，主要分布在东部地区4个省份，中部3个省份，西部重庆。第二，从不同年度的分布表中可以发

现地区整体的交通基础设施水平得到不断的提高。随着地区政府对交通基础设施的不断完善，当其跨过门槛值时，具有网络属性的交通基础设施能够有效发挥空间溢出效应，从而驱动全要素生产率增长。

表7.10 交通基础设施影响TFP的空间异质性统计表

门槛区间	2005年	2010年	2016年
区间1（*road*≤1.275）	其余省份	其余省份	其余省份
区间2（*road*>1.275）	上海	北京、上海、江苏、山东、河南、重庆	北京、天津、上海、江苏、安徽、山东、河南、湖北、重庆

资料来源：整理数据后，作者自制表格。

7.6 本章小结

本章从驱动全要素生产率的必备的“硬件”视角，从基础设施的异质型结构出发，分别从交互效应、空间效应和空间异质性效应三种方法，来探究异质型基础设施在城镇化进程中影响全要素生产率的方向、程度和路径。

首先，根据实际研究情况和数据的可得性，进行择优选取四维度基础设施的代理变量，并具体分析四个维度基础设施在城镇化进程中的动态变化及空间异质性。其次，构建交互效应模型，分别实证分析城镇化水平结合异质型基础设施分别对全要素生产率、技术效率和技术进步产生的交互效应。再次，考虑空间因素，基于核心变量的空间相关性动态变化特征，构建空间面板杜宾模型，分别实证分析城镇化水平结合异质型基础设施对全要素生产率和技术进步产生的空间溢出效应。最后，基于核心变量的空间异质性，构建门槛面板回归模型，分别实证分析城镇化水平结合异质型基础设施对全要素生产率和技术进步产生的门槛效应。本章具体研究结论如下：

一是，2000—2016年，城镇化进程中异质型基础设施存在显著的空间异质性，同时在区域间具有差异性的动态趋势。空间异质性特征具体表现在：

交通基础设施在东部地区建设较早，规模较高，后期增长乏力，完善程度逐渐接近饱和；而其在中部地区和西部地区呈现出相似的动态变动趋势，由于早期交通基础设施存量较低，在2005—2010年得到快速、大幅度提高，而后期增长速度趋于平稳；与东部地区仍然存在很大的差距，中西地区仍存在很大发展空间。信息基础设施在东部地区建设较早，规模较高，2010—2016年得到飞速增长，普及程度越来越广；而其在中部地区和西部地区呈现出相似的动态变动趋势，由于早期信息基础设施存量较低，在2010—2016年也得到飞速增长，增长的倍数相比东部较小，与东部地区的差距逐渐拉大了；中西部地区仍存在很大发展空间。科技基础设施在东部地区规模较高，后期增长乏力；而其在中部地区和西部地区呈现出相似的动态变动趋势，早期科技基础设施存量较低，而在2010—2016年得到大幅度提高，逐渐缩小了与东部地区的差距。教育基础设施在初期东部地区稍微偏高一些，但是在后期中部地区和西部地区的增长下，东部地区和中西地区的差距非常小了。

二是，构建城镇化水平和异质性基础设施的交互效应模型，分别检验城镇化水平结合不同类型基础设施共同对全要素生产率产生的差异性交互效应。研究发现：城镇化进程中，城镇化水平结合异质型基础设施对全要素生产率产生的交互效应的方向和程度存在显著差异；城镇化进程中，城镇化结合交通基础设施和信息基础设施驱动全要素生产率增长的具体路径相同。两个交互项既能促进技术效率提升，又能促进技术进步发展；两者均对技术进步产生的交互效应显著强于技术效率的；即城镇化结合交通基础设施和信息基础设施更多通过促进技术进步提升的路径，来有效驱动全要素生产率增长。但是，城镇化水平结合教育基础设施和科技基础设施的交互项，对全要素生产率产生的交互效应并不显著。

三是，基于核心变量的空间相关性动态变化特征，构建空间面板杜宾模型，分别实证分析城镇化水平结合异质型基础设施对全要素生产率和技术进步产生的差异性空间溢出效应。研究发现：考虑空间因素后，随着城镇化水平的提高对本地区全要素生产率和技术进步产生的消极影响程度减弱。考虑空间因素后，地区内随着交通基础设施水平的提高，通过促进技术进步来有效地驱动全要素生产率增长的效果不确定；间接效应中，交通基础设施对周边地区全要素生产率和技术进步产生了显著的促进效应，即存在正向的空间溢出效应。考虑空间因素后，信息基础设施对本地全要素生产率和技术进步产生显著的促进效应；即地区内随着信息基础设施水平的提高，有利于促进技术进步来有效地驱动本地区全要素生产率增长；间接效应中，信息基础设施对周边地区全要素生产率和技术进步产生了显著的消极影响，即存在负向的空间溢出效应。考虑空间因素后，地区人力资本高级化程度还未对本地全要素生产率和技术进步产生显著的促进效应；间接效应中，地区人力资本高级化水平的提高对周边地区全要素生产率和技术进步产生了显著的促进效应，即存在正向的空间溢出效应。

四是，基于交通基础设施存在的空间异质性动态变化特征，若不考虑门槛效应将会忽略地区间交通基础设施对全要素生产率所产生影响的空间异质性。通过构建异质型基础设施的门槛模型，研究发现：当交通基础设施水平处于不同的门槛区间时，地区交通基础设施水平对全要素生产率产生影响的估计系数显著不同，即随着城镇化进程地区交通基础设施对全要素生产率产生的固定效应发生显著变化，即存在非线性影响。交通基础设施水平较低时，对全要素生产率产生的影响不确定；而随着交通基础设施跨过第一门槛值后，对全要素生产率产生显著的正向促进效应。若不考虑门槛效应将高估交通基础设施对全要素生产率促进程度；同时也会忽略地区间交通基础设施的空间异质性所产生影响程度的差异化。

综上所述，基于交互效应、空间溢出效应和门槛效应的研究结论，从基础设施的结构层面出发，城镇化水平结合不同类型的基础设施对全要素生产率产生的方向、程度和路径均存在显著的差异性。同时考虑空间因素后，能更好地探究地区间协调发展对全要素生产率产生的具体空间溢出效应。

08 第8章

研究结论及政策建议

30

8.1 研究结论

本书综合分析城镇化进程中“软件”和“硬件”两个视角下存在的显著变化，结合人力资本和空间地理学学科成果，将人力资本高级化程度和基础设施结构优化作为双驱动机制纳入统一的理论分析框架内进行数理分析和实证检验，并从总量分析和结构分析这两个层面上探讨城镇化与双驱动机制对全要素生产率影响的交互效应、空间相关性和空间异质性。本书主要研究结论如下。

1.城镇化水平对全要素生产率的具体影响

第一，2000—2016年，随着城镇化水平的不断提高，TFP动态变化存在显著的空间异质性。东部地区TFP增长主要受到技术进步推进，地区经济从粗放型逐渐向集约型转型，经济增长方式从效率增长向技术推动转变，但是技术进步到一定程度后，缺乏可持续更强大的驱动力，不能抵消来自技术效率制约的影响，导致后期地区TFP的收敛。中西部地区TFP增长主要受技术效率的影响，地区经济仍主要依靠要素投入的粗放型经济为主，随着资源短缺和环境约束的制约，技术效率不断恶化，而技术进步增长相对东部地区发展不占优势，导致了中西部地区TFP在中后期的不断收敛。

第二，城镇化进程中，随着城镇化水平的提高对全要素生产率、技术效率和技术进步产生的正向积极影响均显著弱于负向消极影响，在一定程度上导致了消极影响。当城镇化水平逐渐提高，高于门槛值时，随着城镇化水平的提高对全要素生产率以及技术进步产生的积极影响程度增强，相反，城镇化水平对全要素生产率和技术进步的消极影响程度减弱。为了有效驱动全要素生产率增长，城镇化水平需要结合全要素生产率的驱动机制，产生正向促进作用才能有利于实现全要素生产率驱动。

2.城镇化结合驱动机制总量共同对全要素生产率产生的具体影响

第一，2000—2016年，驱动机制总量存在显著的区域异质性特征：人力资本结构在东部、中部和西部地区均呈现出以初级人力资本向高级人力资本演进的特征，而且各地区高级化程度增长幅度也不断增加，东部地区人力资本高级化程度最高，但是中西部地区人力资本高级化程度上升的空间更大。基础设施结构优化程度在东部、中部和西部地区均呈现出与人力资本高级化不同的趋势；各地区的基础设施结构优化程度在2005—2010年得到大幅度提高，增长幅度最大的是东部地区，最低的是中部地区，西部地区居中，中国基础设施结构优化程度得到大幅提高。

第二，由于中国中等教育人力资本仍然占到全部人力资本的一半，而高等教育人力资本比例仍然比较低，因此，在全国样本下，人力资本高级化驱动全要素生产率增长的促进效应不够显著。但是，人力资本高级化程度的提高，有效加强了人力资本对技术创新和技术扩散产生的作用效果，从而有利于促进技术进步提升，进而驱动全要素生产率增长；由于人力资本高级化对技术效率的促进效应不够显著，导致了驱动全要素生产率增长的效应不够显著。城镇化进程中，基础设施结构优化程度的提高对技术效率产生的促进效应显著大于对技术进步的促进效应；因此基础设施结构优化程度的提高，既能有效地提升技术效率，又能有效地促进技术进步，进而有效地驱动全要素生产率的增长。考虑驱动机制的影响后，城镇化对全要素生产率的消极影响程度减弱，而如果忽略了驱动机制的促进作用，将会导致城镇化水平对全要素生产率、技术效率和技术进步负面影响程度的高估。

第三，城镇化水平结合驱动机制总量的提高，产生显著的正向交互效应，有效地促进了全要素生产率、技术效率和技术进步的提升；然而，城镇化进程中，人力资本高级化和基础设施结构优化驱动全要素生产率增长的具体路径和作用程度均不同。城镇化水平结合人力资本高级化更多通过促进技术进步提升的路径，来有效驱动全要素生产率增长；相反，城镇化水平结合基础设施结构优化却更多通过促进技术效率提升的路径，来有效驱动全要素生产率增长。

3. 城镇化结合异质型人力资本影响全要素生产率的方向、程度和路径

第一，2000—2016年，城镇化进程中异质型人力资本存在显著的空间异质性，同时在区域间具有差异化的动态趋势：区域间初级人力资本均显著下降，中级人力资本上升幅度最小，而高级人力资本上升幅度最大，但是创新型人力资本上升幅度显著低于高级人力资本。这说明在2000—2016年，随着人口增长进入转变阶段，中国人力资本结构呈现出以初级人力资本向高级人力资本演进的显著特征；但是以研发和创新为主的创新型人力资本增长速度慢于高级人力资本，说明中国人力资本结构从高级人力资本向创新型人力资本演进空间有待进一步扩大。

第二，城镇化进程中，城镇化水平分别结合高级人力资本和创新型人力资本对全要素生产率产生显著正向的交互效应；既能促进技术效率提升，又能促进技术进步发展；两者均对技术进步产生的交互效应显著强于技术效率的；即城镇化结合高级人力资本和创新型人力资本更多通过促进技术进步提升的路径，来有效驱动全要素生产率增长。

第三，空间因素导致的影响差异：城镇化水平对本地区全要素生产率和技术进步产生的消极影响程度减弱，同时对周边地区技术进步起到显著的促进效应；高级人力资本对本地技术进步产生了促进效应，进而有利于驱动本地区全要素生产率增长，而由于空间虹吸效应较强，对周边地区内技术进步产生了显著的消极影响；创新型人力资本对本地区全要素生产率和技术进步的促进程度减弱，而由于空间溢出效应较强，对周边地区内技术进步产生了显著的促进效应。

第四，当高级人力资本水平跨过第二个门槛值之后，才能对全要素生产率和技术进步产生显著的促进效应。创新型人力资本水平较低时，对全要素生产率和技术进步产生的促进效应较低，而随着创新型人力资本跨过第一门槛值后，对全要素生产率和技术进步产生的促进效应进一步增强。不同门槛值区间内的地区分布趋势变化得出，中国整体的人力资本水平得到不断提高；同时伴随各地区政府逐渐重视创新驱动程度的加强，创新型人力资本水平不断提高，当跨过门槛值时，创新型人力资本呈现出集聚效应，驱动全要素生产率的程度进一步加强。

4.城镇化结合异质型基础设施影响全要素生产率的方向、程度和路径

第一，2000—2016年，城镇化进程中异质型基础设施存在显著的空间异质性，同时在区域间具有差异性的动态趋势：交通和信息基础设施在东部地区建设较早，规模较高，后期增长乏力，完善程度逐渐接近饱和，而其在中西部地区与东部地区仍然存在很大的差距；科技基础设施在东部地区规模较高，后期增长乏力；相反，中西部地区在2010—2016年得到大幅度提高，逐渐缩小了与东部地区的差距；教育基础设施在初期东部地区稍微偏高一些，但是在后期中部和西部地区的增长下，东部和中西地区的差距也逐渐缩小。

第二，城镇化进程中，城镇化结合交通基础设施和信息基础设施驱动全要素生产率增长的具体路径相同。两个交互项既能促进技术效率提升，又能促进技术进步发展；两者均对技术进步产生的交互效应显著强于技术效率的；即城镇化结合交通基础设施和信息基础设施更多通过促进技术进步提升的路径，来有效驱动全要素生产率增长。但是，城镇化水平结合教育基础设施和科技基础设施的交互项，对全要素生产率产生的交互效应并不显著。

第三，空间因素导致的影响差异：由于空间溢出效应较强，交通基础设施对周边地区全要素生产率和技术进步产生了显著的促进效应；信息基础设施水平的提高，有利于促进技术进步来有效地驱动本地区全要素生产率增长；相反，由于空间虹吸效应较强，对周边地区全要素生产率和技术进步产生了显著的消极影响。

第四，基于交通基础设施存在的空间异质性动态变化特征，若不考虑门槛效应将会忽略地区间交通基础设施对全要素生产率所产生影响的空间异质性。交通基础设施水平较低时，对全要素生产率产生的影响不确定，而随着交通基础设施跨过第一门槛值后，对全要素生产率产生显著的正向促进效应。若不考虑门槛效应将高估交通基础设施对全要素生产率促进程度；同时也会忽略地区间交通基础设施的空间异质性所产生影响程度的差异化。

8.2 政策建议

新型城镇化作为未来经济发展的新引擎，也是经济转向高质量发展的载体。人力资本和基础设施建设作为城镇化发展中非常重要的“软件”和“硬件”必要条件，也成为重要的全要素生产率驱动机制。在掌握城镇化进程中驱动机制异质性变动特征后，明确城镇化水平结合驱动机制影响全要素生产率的作用机制基础上，全面系统的量化异质型驱动机制对全要素生产率产生的具体影响，有助于提出地方政府制定城镇化高质量发展模式的政策建议。为此，本书综合驱动机制的总量层面、结构层面、空间因素以及空间异质性角度来对城镇化进程中有效实现全要素生产率驱动提出针对性政策建议。

1.城镇化高质量发展的“软件”方面

第一，人力资本是知识和技术的重要源泉，并通过技术引进、技术创新和技术溢出来驱动地区全要素生产率增长。因此，地方政府应采取积极的措施促进本地区人力资本高级化程度；通过多渠道增加教育经费的同时，还要注意教育投资的多元化，提高教育资源的优化配置；发展高等教育的同时，组织开展不同层次，不同形式的职业培训，并侧向教育环境较差的地区倾斜；继续发展劳动力的职业技术培训和继续教育，提高受教育劳动力与劳动力市场需求的融合度，充分发挥受教育劳动力内在的经济效应；这些措施都有助于增强地区自主创新的能力。

第二，地区间人力资本的空间依赖性是客观存在的；鉴于创新型人力资本和高等人力资本具有显著的空间溢出特征，应将地区间的空间相关性纳入创新驱动政策的制定中；尤其重视在空间和经济密切联系下不同省市之间协调互动发展；将有助于增强地区间技术水平的引进和扩散，有助于新技术和新知识产生有效的技术溢出效应，进而有助于促进区域经济协同发展。

第三，鉴于异质型人力资本具有显著的区域异质性特征，政策制定应充分考虑不同区域存在的异质性特点。高等人才在东部地区呈现高-高类型的空间集聚特征，而中西部地区则更多呈现低-低类型的空间集聚特征，应加大对中西部地区的R&D资本投入，培养和吸引高等人才回流，加快实现中西部地区人力资本由中级向高级人力资本的演进，有效促进各区域间协调互动与可持续发展。同时，地方政府重视中国异质型人力资本结构调整的重要性，加大对高级人力资本的投资，扩大地区高等人才的储备，探寻人力资本结构高级化实现路径，才能有效实现全要素生产率驱动。

2.城镇化高质量发展的“硬件”方面

第一，基础设施的建设与完善仍然是驱动全要素生产率增长的重要措施；并通过经济资源配置效率、规模效率和效率溢出来驱动地区全要素生产率增长。基础设施作为经济发展中重要的公共投资，必须立足于地区经济发展水平差异，不断优化基础设施的投资效率，带动整体经济资源配置效率；增强基础设施的结构优化程度，发挥经济发展的规模经济优势；高效率基础设施又通过效率溢出，提高新知识和新技术的引进和扩散速度，促进技术水平的快速提升；同时还需要充分权衡基础设施建设的效率和公平的社会效应。

第二，地区基础设施建设还需要立足于总体经济空间集聚格局，避免以基础设施作为地方竞争工具，尽量减少由地区间基础设施过度投资，重复建设或者惰性投入等问题造成的投资效率的损失；相反，应尽量加强地区间在基础设施建设上的分工合作，有序协调，互惠互利，增强区域高效率发展带来的效率溢出效应。同时，尤其需要特别重视基础设施类型中负向的空间溢出效应，以及偏向于大城市或中心地区的基础设施收益。

第三，不同类型基础设施投资对全要素生产率的影响存在显著差异性。地方政府在投资建设基础设施中，应重视考虑具体类型、空间分布和地区差异问题等问题，基于不同类型基础设施的异质性影响，重点优化低效率和高效率的投资配置。中西部地区鉴于较低的生产效率水平，对中西部地区投入的倾斜着力点的优先顺序应是先提高投入的效率，优先考虑高效率的部门或产业，以提升中西部地区整个经济的生产效率。

参考文献

[1] 白俊红，王钺，蒋伏心，等.研发要素流动、空间知识溢出与经济增长[J].经济研究，2017(7)：109-123.

[2] 蔡昉.中国经济增长如何转向全要素生产率驱动型[J].中国社会科学，2013(1)：56-71.

[3] 陈得文，苗建军.人力资本集聚、空间溢出与区域经济增长——基于空间过滤模型分析[J].产业经济研究，2012(4)：54-88.

[4] 陈心颖.人口集聚对区域劳动生产率的异质性影响[J].人口研究，2015(1)：85-95.

[5] 陈银娥，孙琼.中国基础设施发展水平测算及影响因素——基于省级面板数据的实证研究[J].经济地理，2016(8)：23-30.

[6] 程惠芳，陆嘉俊.知识资本对工业企业全要素生产率影响的实证分析[J].经济研究，2014(5)：174-187.

[7] 仇怡.城镇化的技术创新效应——基于1990—2010年中国区域面板数据的经验研究[J].中国人口科学，2013(1)：26-35.

[8] 丁守海.中国城镇发展中的就业问题[J].中国社会科学，2014(1)：30-47.

[9] 范进，赵定涛.土地城镇化与人口城镇化协调性测定及其影响因素[J].经济学家，2012(5)：61-67.

[10] 高珮义.世界城市化的一般规律与中国的城市化[J].中国社会科学，1990(5)：127-139.

[11] 高远东，花拥军.异质型人力资本对经济增长作用的空间计量实证分析[J].经济科学，2012(1)：39-50.

[12] 国务院发展研究中心和世界银行联合课题组.中国：推进高效、包容、可持续的城镇化[J].管理世界，2014(4)：5-41.

[13] 洪银兴.论创新驱动经济发展战略［J］. 经济学家，2013(1)：5–11.
[14] 胡李鹏，樊纲，徐建国.中国基础设施存量的再测算［J］. 经济研究，2016(8)：172–186.
[15] 简新华，黄锟.中国城镇化水平和速度的实证分析与前景预测［J］. 经济研究，2010(3)：28–39.
[16] 蒋殿春，王晓娆.中国R&D结构对生产率影响的比较分析［J］. 南开经济研究，2015(2)：59–73.
[17] 金戈.中国基础设施资本存量估算［J］. 经济研究，2012(4)：4–14.
[18] 靖学青.产业结构高级化与经济增长——对长三角地区的实证分析［J］. 南通大学学报，2005(9)：45–49.
[19] 李健，卫平.金融发展与全要素生产率增长——基于中国省际面板数据的实证分析［J］. 经济理论与经济管理，2015(8)：47–64.
[20] 李强，郑江淮.基础设施投资真的能促进经济增长吗？——基于基础设施投资“挤出效应”的实证分析［J］. 产业经济研究，2012(3)：50–58.
[21] 李实.中国农村劳动力流动与收入增长和分配［J］. 中国社会科学，1999(2)：16–33.
[22] 李小建，罗庆.新型城镇化中的协调思想分析［J］. 中国人口·资源与环境，2014(2)：47–53.
[23] 李晓园.新型城镇化进程中城市基础设施投资效率分析与政策建议［J］. 宏观经济研究，2015(10)：35–43.
[24] 李征.中国区域全要素生产率演变研究［D］. 长春：吉林大学，2016.
[25] 李子联.人口城镇化滞后于土地城镇化之谜——来自中国省际面板数据的解释［J］. 中国人口资源与环境，2013(11)：94–101.
[26] 林光平，龙志和，吴梅.中国地区经济收敛的空间计量实证分析：1978—2002［J］. 经济学（季刊），2005(10)：67–82.
[27] 刘秉镰，武鹏，刘玉海.交通基础设施与中国全要素生产率增长——基于省域数据的空间面板计量分析［J］. 中国工业经济，2010(3)：54–64.
[28] 刘建国，李国平，张军涛，等. 中国经济效率和全要素生产率的空间分异及其影响［J］. 地理学报，2012(8)：1069–1084.
[29] 刘建国，张文忠.中国区域全要素生产率的空间溢出关联效应研究［J］.

地理科学，2014（5）：522–530.

[30] 刘生龙，胡鞍钢．基础设施的外部性在中国的检验：1988—2007[J]. 经济研究，2010（3）：4–15.

[31] 刘生龙，郑世林．交通基础设施跨区域的溢出效应研究——来自中国省级面板数据的实证证据 [J]. 产业经济研究，2013（4）：59–69.

[32] 刘世锦，刘培林，何建武．中国未来生产率提升潜力与经济增长前景 [J]. 管理世界，2015（3）：1–5.

[33] 刘智勇，胡永远，易先忠．异质型人力资本对经济增长的作用机制检验 [J]. 数量经济技术经济研究，2008（4）：86–96.

[34] 刘智勇，李海峥，胡永远，等．人力资本结构高级化与经济增长——兼论东中西部地区差距的形成和缩小 [J]. 经济研究，2018（3）：50–63.

[35] 罗良文，潘雅茹，陈峥．基础设施投资与中国全要素生产率——基于自主研发和技术引进的视角 [J]. 中南财经政法大学学报，2016（1）：30–37.

[36] 骆永民，樊丽明．中国农村基础设施增收效应的空间特征——基于空间相关性和空间异质性的实证研究 [J]．管理世界，2012（5）：71–87.

[37] 骆永民．中国城乡基础设施差距的经济效应分析——基于空间面板计量模型 [J]. 中国农村经济，2010（3）：60–72.

[38] 马洪福，郝寿义．要素禀赋异质性、技术进步与全要素生产率增长 [J]. 经济问题探索，2018（2）：39–48.

[39] 彭国华．中国地区全要素生产率与人力资本构成 [J]. 中国工业经济，2007（2）：52–59.

[40] 彭国华．中国地区收入差距、全要素生产率及其收敛分析 [J]. 经济研究，2005（9）：19–29.

[41] 邵帅，李欣，曹建华，等．中国雾霾污染治理的经济政策选择——基于空间溢出效应的视角 [J]. 经济研究，2016（9）：73–88.

[42] 孙晓华，王昀，郑辉．R&D溢出对中国制造业全要素生产率的影响——基于产业间、国际贸易和FDI三种溢出渠道的实证检验 [J]. 南开经济研究，2012（5）：18–35.

[43] 孙钰，王坤岩，姚晓东．城市公共基础设施社会效益评价 [J]. 经济社会体制比较，2015（5）：164–175.

[44] 孙钰，王坤岩，姚晓东.基于DEA交叉效率模型的城市公共基础设施经济效益评价［J］. 中国软科学，2015(1)：172–183.

[45] 孙早，杨光，李康.基础设施投资对经济增长的贡献：存在拐点吗——来自中国的经验证据［J］. 财经科学，2014(6)：75–84.

[46] 单豪杰.中国资本存量K的再估算：1952—2006年［J］. 数量经济技术经济研究，2008(10)：17–31.

[47] 谭俊涛，张平宇，李静.三江平原垦区基础设施建设对区域城镇化的影响［J］. 地理研究，2014(3)：501–508.

[48] 陶长琪，齐亚伟.中国全要素生产率的空间差异及其成因分析［J］. 数量经济技术经济研究，2010(1)：19–32.

[49] 王国刚.城镇化：中国经济发展方式转变的重心所在［J］. 经济研究，2010(12)：43–59.

[50] 王庆华，肖宏伟.中国电力消费对经济增长影响的空间溢出效应研究［J］. 宏观经济研究，2018(2)：91–103.

[51] 王淑英，张水娟，王文坡.R&D投入与区域创新能力关系及溢出效应分析——金融发展的调节作用［J］. 科技进步与对策，2018(2)：39–46.

[52] 王小鲁，樊纲.中国地区差距的变动趋势和影响因素［J］. 经济研究，2004(1)：33–44.

[53] 王小鲁.中国城市化路径与城市规模的经济学分析［J］. 经济研究，2010(10)：20–32.

[54] 王小鲁.中国经济增长的可持续性与制度变革［J］. 经济研究，2000(7)：3–15.

[55] 王晓东，邓丹萱，赵忠秀.交通基础设施对经济增长的影响——基于省际面板数据与Feder模型的实证检验［J］. 管理世界，2014(4)：173–174.

[56] 王铮，郑钦月，王利赞，等. R&D投入对中国经济的影响研究［J］. 科学学研究，2018(10)：1750–1757.

[57] 王自锋，孙浦阳，张伯伟，等.基础设施规模与利用效率对技术进步的影响：基于中国区域的实证分析［J］. 南开经济研究，2014(2)：118–135.

[58] 魏下海，王岳龙.城市化、创新与全要素生产率增长——基于省际面板数据的经验研究［J］. 财经科学，2010(3)：69–76.

[59] 魏下海，张建武.人力资本对全要素生产率增长的门槛效应研究 [J]. 中国人口科学，2010(5)：48-57.

[60] 魏下海.人力资本、空间溢出与省际全要素生产率增长——基于三种空间权重测度的实证检验 [J]. 财经研究，2010(12)：94-104.

[61] 武力超，孙浦阳.基础设施发展水平对中国城市化进程的影响 [J]. 中国人口·资源与环境，2010(8)：121-125.

[62] 谢剑.基础设施建设与中国区域全要素生产率——基于285个地级市的空间计量分析 [J]. 科学决策，2018(4)：71-94.

[63] 薛钢，陈思霞，蔡璐.城镇化与全要素生产率差异：公共支出政策的作用 [J]. 中国人口·资源与环境，2015(3)：50-55.

[64] 叶昌友，王遐见.交通基础设施、交通运输业与区域经济增长——基于省域数据的空间面板模型研究 [J]. 产业经济研究，2013(2)：40-47.

[65] 易纲，樊纲，李岩.关于中国经济增长与全要素生产率的理论思考 [J]. 经济研究，2003(8)：13-20.

[66] 尹向来，黄彩虹.基础设施与城市化水平耦合协调关系演变——基于285个地级市的实证研究 [J]. 世界地理研究，2018(6)：77-87.

[67] 袁志刚，解栋栋.中国劳动力错配对TFP的影响分析 [J]. 经济研究，2011(7)：4-17.

[68] 岳文海.中国新型城镇化发展研究 [D]. 武汉：武汉大学，2013.

[69] 张浩然，衣保中.基础设施、空间溢出与区域全要素生产率——基于中国266个城市空间面板杜宾模型的经验研究 [J]. 经济学家，2012(2)：61-67.

[70] 张军，高远，傅勇，等.中国为什么拥有了良好的基础设施？[J]. 经济研究，2007(3)：4-19.

[71] 张军，吴桂英，张吉鹏.中国省际物质资本存量估算：1952—2000 [J]. 经济研究，2004(10)：35-44.

[72] 张培丽，陈畅.经济增长框架下的基础设施投资研究—— 一个国外的文献综述 [J]. 经济学家，2015(3)：93-104.

[73] 张先锋，丁亚娟，王红.中国区域全要素生产率的影响因素分析——基于地理溢出效应的视角 [J]. 经济地理，2010(12)：1955-1960.

[74] 张学良.中国交通基础设施促进了区域经济增长吗——兼论交通基础设施的空间溢出效应 [J]. 中国社会科学，2012(3)：60-77.

[75] 张志强.空间加权矩阵设置与空间面板参数估计效率 [J]. 数量经济技术经济研究，2014(10)：122-138.

[76] 赵立斌. FDI、异质型人力资本与经济增长——基于新加坡的数据分析 [J]. 经济经纬，2013(2)：67-71.

[77] 赵新平，周一星.改革以来中国城市化道路及城市化理论研究述评 [J]. 中国社会科学，2002(2)：132-138.

[78] 郑垂勇，朱晔华，程飞.城镇化提升了绿色全要素生产率吗？——基于长江经济带的实证检验 [J]. 现代经济探讨，2018(5)：110-115.

[79] 郑世林，周黎安，何维达.电信基础设施与中国经济增长 [J]. 经济研究，2014(5)：77-90.

[80] 周浩，郑筱婷.交通基础设施质量与经济增长：来自中国铁路提速的证据 [J]. 世界经济，2012(1)：78-97.

[81] 朱平芳，徐伟民.政府的科技激励政策对大中型工业企业R&D投入及其专利产出的影响 [J]. 经济研究，2003(6)：45-53.

[82] Acemoglu D，Aghion P，Zilibotti F. Distance to frontier，selection，and economic growth [J]. Journal of the European Economic Association，2006，4(1)：37-74.

[83] Acemoglu D，Zilibotti F. Productivity differences [J]. Quarterly Journal of Economics，2001，116(2)：563-606.

[84] Acemoglu D. Technical change，inequality，and the labor market [J]. Journal of Economic Literature，2002，40(1)：7-72.

[85] Aghion P，Howitt P. A model of growth through creative destruction [J]. Econometrica，1992，60(2)：323-351.

[86] Antonelli C，Quatraro F. The effects of biased technological change on total factor productivity：empirical evidence from a sample of OECD countries [J]. Journal of Technology Transfer，2010，35(4)：361-383.

[87] Arraiz I，Drukker D M，Kelejian H H，et al. A spatial cliff-ord-type model with heteroskedastic innovations：small and large sample results [J]. Journal of

Regional Science，2010，50(2)：592–614.

[88] Balcão R A. Human capital and overinvestment in R&D[J]. Scandinavian Journal of Economics，2007，109(109)：573–591.

[89] Barro R J. Economic growth in a cross section of countries[J]. The Quarterly Journal of Economics，1991，106(2)：407–443.

[90] Barro R，Sala–I–Martin X. Technological diffusion，convergence，and growth [J]. Journal of Economic Growth，1997，2(1)：1–26.

[91] Bartelsman E，Haltiwanger J，Scarpetta S. Cross–country differences in productivity：the role of allocation and selection[J]. American Economic Review，2013，103(1)：305–334.

[92] Benhabib J，Spiegel M. The role of human capital in economic development：evidence from aggregate cross–country data[J]. Journal of Monetary Economics，1994，34(2)：143–174.

[93] Bernardi Cabrer–Borras，Guadalupe Serrano–Domingo. Innovation and R&D spillover effects in Spanish regions a spatial approach[J].Research Policy，2007，(36)：1357–1371.

[94] Beveren I V. Total factor productivity estimation：a practical review[J]. Journal of Economic Surveys，2012，26(1)：98–128.

[95] Boarnet M G. Spillovers and the locational effects of public infrastructure[J]. Journal of Regional Science，1998，38(3)：381–400.

[96] Bronzini R，Piselli P. Determinants of long–run regional productivity with geographical spillovers：the role of R&D，human capital and public infrastructure [J]. Regional Science & Urban Economics，2009，39(2)：187–199.

[97] Caselli F，Coleman W J. The world technology frontier[J]. American Economic Review，2006，96(3)：499–522.

[98] Chen K，Guan J. Measuring the efficiency of China's regional innovation systems：application of network data envelopment analysis (DEA)[J]. Regional Studies，2012，46(3)：355–377.

[99] Coe D T，Helpman E. International R&D spillovers[J]. European Economic Review，1995，39(5)：859–887.

[100] Cohen J P, Paul C J M. Public infrastructure investment, interstate spatial spillovers, and manufacturing costs [J]. Review of Economics and Statistics, 2004, 86(2): 551–560.

[101] Duggal V G, Saltzman C, Klein L R. Infrastructure and productivity: an extension to private infrastructure and it productivity [J]. Journal of Econometrics, 2007, 140(2): 485–502.

[102] Griliches Z. Issues in assessing the contribution of research and development to productivity growth [J]. Bell Journal of Economics, 1979, 10(1): 92–116.

[103] Griliches Z. Research expenditures, education, and the aggregate agricultural production Function [J]. American Economic Review, 1964, 54(6): 961–74.

[104] Hall B H, Mairesse J. Exploring the relationship between R&D and productivity in French manufacturing firms [J]. Journal of Econometrics, 1995, 65(1): 263–293.

[105] Harris D L, Ioannides Y M. Spatial interactions among U.S. cities: 1900—1990 [J]. Discussion Papers, 1999, 31(6): 701–731.

[106] Henderson J V, Davis J C. Evidence on the political economy of the urbanization process [J]. Journal of Urban Economics, 2004, 53(1): 98–125.

[107] Henderson J V, Wang H G. Urbanization and city growth: the role of institutions [J]. Regional Science and Urban Economics, 2007, 37(3): 283–313.

[108] Henderson R, Jaffe A B, Trajtenberg M. Universities as a source of commercial technology: a detailed analysis of university patenting, 1965—1988 [J]. Review of Economics and Statistics, 1998, 80(1): 119–127.

[109] Higón D A. The impact of R&D spillovers on UK manufacturing TFP: a dynamic panel approach [J]. Research Policy, 2007, 36(7): 964–979.

[110] Hsieh C T, Klenow P J. Misallocation and manufacturing TFP in China and India [J]. Quarterly Journal of Economics, 2009, 124(4): 1403–1448.

[111] Hsu F M, Hsueh C C. Measuring relative efficiency of government-sponsored R&D projects: a three-stage approach [J]. Evaluation & Program Planning, 2008, 32(2): 178–186.

[112] Hulten C R. Infrastructure, externalities, and economic development: a study

of the Indian manufacturing industry [J]. The World Bank Economic Review, 2006, 20 (2): 291–308.

[113] Islam N. Growth empirics : a panel data approach [J]. The Quarterly Journal of Economics, 1995, 110 (4): 1127–1170.

[114] Jones C I. Growth : with or without scale effects? [J]. American Economic Review, 1999, 89 (2): 139–144.

[115] Kaihua Chen, Jiancheng Guan. Measuring the efficiency of China's regional innovation systems : application of network data envelopment analysis (DEA) [J]. Regional Studies, 2012, 46 (3): 355–377 .

[116] Keller W. International technology diffusion [J]. Journal of Economic Literature, 2004, 42 (3): 752–782.

[117] Kiley M T. The supply of skilled labour and skill–biased technological progress [J]. Economic Journal, 1999, 109 (458): 708–724.

[118] Klump R, McAdam P, Willman A. Factor substitution and factor–augmenting technical progress in the United States : a normalized supply–side system approach [J]. Review of Economics and Statistics, 2007, 89 (1): 183–192.

[119] Klump R, Mcadam P, Willman A. The normalized ces production function : theory and empirics [J]. Journal of Economic Surveys, 2012, 26 (5): 769–799.

[120] Krueger A B, Lindahl M. Education for growth : why and for whom? [J]. Journal of Economic Literature, 2001, 39 (4): 1101–1136.

[121] Kruman P. The myth of Asia's miracle [J]. Foreign Affairs, 1994, 73 (6): 62–78.

[122] Leamer E. What's the use of factor contents? [J]. Journal of International Economics, 2000, 50 (1): 17–49.

[123] Lewis W A. Economic development with unlimited supplies of labor [J]. The Manchester School of Economic and Social Studies, 1954, 22 (1): 139–191.

[124] Lucas R E, Moll B. Knowledge growth and the allocation of time [J]. Journal of Political Economy, 2014, 122 (1): 1–51.

[125] Lucas R E. On the mechanics of economic development [J]. Journal of Monetary

Economics，1988，22(1)：3–42.

[126] Mansfield E. Technological changes–stimuli，constraints，returns–rates of return from industrial–research and development[J]. American Economic Review，1965，55(2)：310–322.

[127] Miller S M，Upadhyay M P. Total factor productivity and the convergence hypothesis[J]. Journal of Macroeconomics，2002，24(2)：267–286.

[128] Nelson R R，E S Phelps. Investment in humans，technological diffusion，and economic growth[J]. American Economic Review，1966，56(2)：69–75.

[129] Nishimizu M，Page J M. Total factor productivity growth，technological progress and technical efficiency change：dimensions of productivity change in Yugoslavia，1965–78[J]. Economic Journal，1982，92(368)：920–936.

[130] Ranis G，Fei J C H. Theory of economic development[J]. American Economic Review，1961，51(4)：533–565.

[131] Redding S. The low–skill，low–quality trap：strategic complementarities between human capital and R&D[J]. The Economic Journal，1996，106(435)：458–470.

[132] Roller L H，Waverman L. Telecommunication's infrastructure and economic development：a simultaneous approach[J]. American Economic Review，2001，24(3)：909–923.

[133] Romer P M. Endogenous technological change[J]. Journal of Political Economy，1990，98(5)：71–102.

[134] Romer P M. Increasing returns and long–run growth[J]. The Journal of Political Economy，1986，94(5)：1002–1037.

[135] Russell R R，Kumar S. Technological change，technological catch–up，and capital deepening：relative contributions to growth and convergence[J]. American Economic Review，2002，92(3)：527–548.

[136] Seiford L M，Thrall R M. Recent developments in DEA：the mathematical programming approach to frontier analysis[J]. Journal of Econometrics，1990，46(1–2)：7–38.

[137] Solow R M. A contribution to the theory of economic growth[J]. The Quarterly

Journal of Economics，1956，70(1)：65–94.

[138] Solow R M. Technical change and the aggregate production function [J]. The Review of Economics and Statistics，1957，39(3)：312–320.

[139] Todaro M P. A model of labor migration and urban unemployment in less developed countries [J]. American Economic Review，1969，59(1)：138–148.

后记

时光如梭，转眼间博士毕业后我参加工作也有四年了。这本书的出版为自己的博士论文画上完美的句号。

静下心来，细细回顾，博士学习的那几年，我经历了早期的迷茫、彷徨和懈怠，有过漫无目的的追寻和浪费掉的时光；经历了中期的坚定、拼搏和沮丧，获得了坚持不懈的感悟和受挫后的进步；经历了后期的坚持、自信和欣喜，收获了辛勤付出的成果和意志力的磨炼。博士生涯无疑是我人生中经历的最重要的一次历练，让我铭记收获背后的艰辛和坚持，还有许多人给予的帮助和鼓励。在此向每一位帮助我的人表示衷心的感谢！

自“十五”计划开始，中国政府积极推进经济增长方式的转变，实施城镇化战略。“以人为核心”的新型城镇化逐步成为推动中国未来经济增长的新引擎。在经济新常态发展背景下，新型城镇化如何有效转向高质量发展成为迫切研究的重大课题。本书目的是探究城镇化进程中有效实现全要素生产率增长的驱动机制。具体内容包括：综合分析城镇化进程中“软件”和“硬件”两个视角下存在的显著变化，结合人力资本和空间地理学学科成果，将人力资本高级化程度和基础设施结构优化作为双驱动机制纳入统一的理论分析框架内进行数理分析和实证检验，并从总量分析和结构分析这两个层面上探讨城镇化与双驱动机制对全要素生产率影响的交互效应、空间相关性和空间异质性，最后给出了研究结论和政策建议。

本书在已有研究的基础上，对城镇化进程中全要素生产率驱动机制的研究进行了一定程度上的拓展和完善。当然，本书的研究也存在一些局限性和不足之处，恳请读者多多交流和完善。进入高校从事教育行业后，我依旧在科研教学路上继续前行，保持乐观的心态认真工作，严谨治学，教学育人，回报社会！

赵莎莎

2023年8月28日于济南